현지에서 바로 먹히는↘

나의 첫 **여행**
베트남어

VIETNAMESE

교재기획팀 · Nguyen Phuong Lam · Nguyen Tuan Anh 지음

📖동양북스

초판 2쇄 | 2019년 6월 20일

지은이 | 교재기획팀 · Nguyen Phuong Lam · Nguyen Tuan Anh
발행인 | 김태웅
편집장 | 강석기
마케팅 | 나재승
기획 편집 | 권민서
디자인 | 원더랜드(Wonderland)
제 작 | 현대순

발행처 | (주)동양북스
등 록 | 제 2014-000055호(2014년 2월 7일)
주 소 | 서울시 마포구 동교로22길 12 (04030)
구입문의 | 전화 (02)337-1737 팩스 (02)334-6624
내용문의 | 전화 (02)337-1762 dybooks2@gmail.com

ISBN 979-11-5768-420-5 13790

이 도서의 국립중앙도서관 출판예정도서목록(CIP)은 서지정보유통지원시스템 홈페이지(http://seoji.nl.go.kr)와
국가자료공동목록시스템(http://www.nl.go.kr/kolisnet)에서 이용하실 수 있습니다.
(CIP제어번호: CIP2018023749)

"Đi một ngày đàng, học một sàng khôn."
Đi đây đi đó thì bạn sẽ mở rộng được tầm hiểu
biết, khôn ngoan, từng trải hơn.

"하루 여행에 한 키의 지혜"
여러 지역을 여행 다니면 더 많은 지혜를 얻고
더 풍부한 경험을 얻는다.

때로는 독서보다 여행이 필요할 때가 있습니다.

여행은 세상의 지혜를 얻을 수 있는

또 다른 통로이기 때문입니다.

여행을 하기 위해서는 안내자가 필요한데,

이 책이 그 역할을 충분히 할 것입니다.

이 책은 현지인과 의사소통을 위한

좋은 길잡이가 될 것입니다.

: 차례 :

Part 1 단어&패턴

Part 2 기내에서

Part 3 공항에서

Part 4 교통수단

Part 5 숙소에서

Part 6 거리에서

ː 이 책의 구성 및 특징 ː

『나의 첫 여행 베트남어』는 외국을 여행할 때 바로 쓸 수 있는 표현을 엄선하여 기내에서, 공항에서, 호텔에서, 외국 현지에서 장소에 맞는 대화를 할 수 있게 구성하였습니다. 베트남어를 잘 몰라도 말을 할 수 있게 한국어 발음도 함께 표기하였습니다.

※표기법 - 책에 나오는 외국어 인명, 음식명, 지명의 한글 표기는 '외래어 표기법'을 기준으로 하되, 대중적인 명칭과 독음을 혼용하여 표기를 허용했습니다.

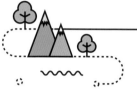

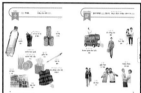

★ 생존 단어
사진을 보고 한눈에 찾아 볼 수 있도록 여행에서 꼭 필요한 단어만 모아 놓았으므로 필요할 때마다 손쉽게 찾아 볼 수 있습니다.

★ 생존 패턴 10
'~은 어디예요?', '~을 주세요' 등 현지에서 꼭 필요한 패턴 10개를 뽑아 정리하였습니다.

★ 바로 쓰는 문장
상대방이 하는 말과 내가 가서 할 말을 정리해 넣었습니다.

★ 핵심 표현
가장 필요한 핵심 표현을 넣었습니다.
이 표현은 꼭 알고 가세요!

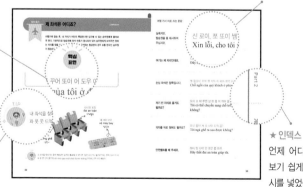

★ 인덱스
언제 어디서든 찾아 보기 쉽게 인덱스 표시를 넣었습니다.

★ tip
여행 가기 전 알고 가면 좋은 팁을 정리하였습니다.

★ Travel Information
외국에 가서 무엇을 먹을지, 어디에 머물면 좋을지, 무엇을 사면 좋을지에 대한 다양한 주제로 내용을 구성하였습니다.

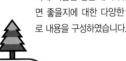

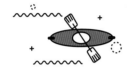

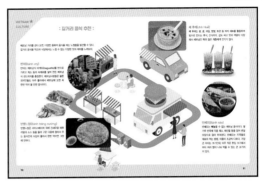

『나의 첫 여행 베트남어』 부록

1. 무료 MP3 파일 제공!

• 스마트폰 : 스마트폰으로 QR 코드를 스캔하면, 다운로드 하지 않고 음성을 바로 들을 수 있습니다.
• PC : 동양북스 홈페이지(www.dongyangbooks.com)에서 별도의 회원 가입 없이 무료로 다운로드 할 수 있습니다.

2. '나의 여행 메이트(핸드북)' 제공!

여행 갈 때, 가볍게 챙겨갈 수 있는 핸드북입니다. 현지에서 바로 사용할 수 있게 생존 표현 20문장을 넣었습니다. 부록에 들어가는 생존 표현에는 다른 여행객들과의 소통을 위한 영어 표현도 함께 표기하였습니다. 생존 표현 이외에도 '응급 상황 대응 방법', '데일리 스케줄 표' 등을 넣어 여행에 필요한 메모를 할 수 있게 구성하였습니다.

VIETNAM
베트남 사회주의 공화국
(The Socialist Republic of Vietnam)

국기 금성홍기(金星紅旗)
빨강 바탕색은 혁명의 피와 조국의 정신을,
황색별은 노동자·농민·지식인·청년·군
인의 단결을 나타낸다.

면적
약 331km²

수도
하노이(Hà Nội)

인구
약 9,173만 명(세계 15위)

민족
54개(비엣족과 53개 소수민족으로 구성)

공식 언어
베트남어

기후
호찌민시가 있는 남부지역에는 건기(11~4월)와 우기(5월~10일)가 있으며, 하노이가 있는 북부지역에는 적지만 사계절의 변화가 있다.

시차
우리나라보다 2시간 늦음(G.M.T +7시간)

화폐
베트남 동(VND)

전압
220V, 50Hz를 사용

비자&여권
베트남은 15일 미만의 관광 목적 방문 시에는 비자가 필요하지 않지만, 그 이외에는 반드시 비자를 발급받아야 방문할 수 있다.

전화
베트남 국가번호 +84
※베트남 현지에서 현지로 전화할 때는 국가번호는 입력하지 않는다.

긴급 연락처
- 사건, 범죄 신고 113
- 화재 신고 114
- 긴급 구조 신고 115
- 생활정보 요청 1080

Part 1

여행 가서 살아남는

생존 단어

여행 가기 전에 알면 좋은

생존 패턴 10

■ 주세요.

하이 쪼 또이 ■.
Hãy cho tôi ■.

🎧 MP3 01-01

느억
nước
생수

꼬까꼬라
cô ca cô la
코카콜라

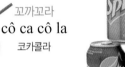

쏘다
sô đa
사이다

느억 화 꽈 /
nước hoa quả /
느억 짜이 꺼이
nước trái cây
주스

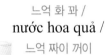

저이 안
giấy ăn
티슈

붓 비
bút bi
볼펜

떠 바오
tờ báo
신문

아우 파오 끄우 호
áo phao cứu hộ
구명조끼

딱찌
tạp chí
잡지

입국심사대에서

묵 딕 녑 까잉 라 ▨.

입국 목적은 ▨ 입니다. Mục đích nhập cảnh là ▨.

🎧 MP3 01-02

Part 1

샤롱 단어

디 꽁 딱
đi công tác
출장

혹 떱
học tập
공부

탐 관 주 릭
tham quan du lịch
관광

갑 반
gặp bạn
친구 방문

탐 턴
thăm thân
친척 방문

주 혹
du học
유학

13

방 안에 ▓ 있나요?

종 퐁 꼬 ▓ 콩?

Trong phòng có ▓ không?

🎵 MP3 01-03

동 호
đồng hồ
시계

자오 까오 저우
dao cạo râu
면도기

칸 땀
khăn tắm
타올

끄어 쏘
cửa sổ
창문

뚜 라잉
tủ lạnh
냉장고

본 베 씽
bồn vệ sinh
화장실

반 꽁
ban công
발코니

본 땀
bồn tắm
욕조

이 근처에 ▨▨ 있나요?

건 떠이 꼬 ▨▨ 콩?

Gần đây có ▨▨ không?

🎧 MP3 01-04

마이 줏 띠엔 뜨 동
máy rút tiền tự động
ATM기

시에우 티
siêu thị
슈퍼마켓

관 즈어우
quán rượu
술집

히에우 투옥
hiệu thuốc
약국

쭝 떰 트엉 마이
trung tâm thương mại
백화점

꾸아 항 띠엔 러이 /
cửa hàng tiện lợi /
땁 호아
tạp hóa
편의점

Part 1

생활 단어

■■■ 주세요.

쪼 또이 ■■■.
Cho tôi ■■■.

🎧 MP3 01-05

씨 저우/느억 뜨엉
xì dầu/nước tương
간장

뜨엉 얻
tương ớt
칠리소스

무오이
muối
소금

핫 띠에우
hạt tiêu
후추

점
dấm
식초

뜨엉 까 쭈어
tương cà chua
케첩

티어/까이 무엉
thìa/cái muỗng
숟가락

까이 디어
cái đĩa
접시

특 던
thực đơn
메뉴판

도이 두어
đôi đũa
젓가락

16

을 사고 싶은데요.

또이 무언 무어 ▇.
Tôi muốn mua ▇.

🎧 MP3 01-06

쿠엔 따이
khuyên tai
귀고리

오
ô
우산

투옥 라
thuốc lá
담배

년
nhẫn
반지

벗 르어
bật lửa
라이터

동 호 데우 따이
đồng hồ đeo tay
손목시계

무
mũ
모자

권 보
quần bò
청바지

아오
áo
티

미펌
mỹ phẩm
화장품

저이 테 타오
giày thể thao
운동화

17

있나요?

꼬 ■ 콩？
Có ■ không?

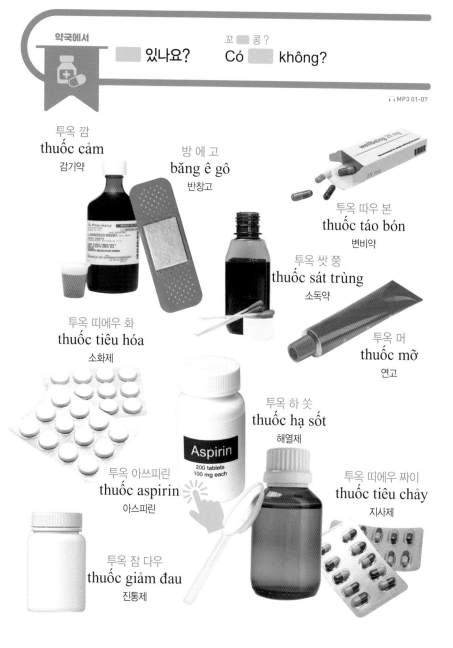

투옥 깜
thuốc cảm
감기약

방 에 고
băng ê gô
반창고

투옥 따우 본
thuốc táo bón
변비약

투옥 싼 쭝
thuốc sát trùng
소독약

투옥 띠에우 화
thuốc tiêu hóa
소화제

투옥 머
thuốc mỡ
연고

투옥 하 쏫
thuốc hạ sốt
해열제

Aspirin
200 tablets
100 mg each

투옥 아쓰피린
thuốc aspirin
아스피린

투옥 띠에우 짜이
thuốc tiêu chảy
지사제

투옥 잠 다우
thuốc giảm đau
진통제

가 아파요.　또이 비 다우 ▦.　Tôi bị đau ▦.

🎧 MP3 01-08

맛
mắt
눈

도우
đầu
머리

자 자이
dạ dày
위

붕
bụng
배

장
răng
이(치아)

꼬
cổ
목

릉
lưng
허리

어 더이
ở đây
여기

19

은 어디예요? ░░ ở đâu ạ? ░ 어 더우 아?

화장실은 어디예요?

냐 베 싱 어 더우 아?
Nhà vệ sinh ở đâu ạ?

은행은 어디예요?

응언 항 어 더우 아?
Ngân hàng ở đâu ạ?

이곳에서 가까운 버스 정류장은
어디예요?

벤 쌔 부잇 건 녓 어 더우 아?
Bến xe buýt gần nhất ở đâu ạ?

탈의실은 어디예요?

퐁 타이 도 어 더우 아?
Phòng thay đồ ở đâu ạ?

지도에 있는 이 식당은 어디예요?

냐 항 어 쩬 반 도 나이 어 더우 아?
Nhà hàng ở trên bản đồ này ở đâu ạ?

주세요. Cho tôi ████. 쪼 또이 ████.

물 한 잔 주세요.

쪼 또이 못 꼭 느억.
Cho tôi 1 cốc nước.

> 호찌민에서는
> '쪼 또이 못 리 느억'이라고
> 말한다.

하노이 여행지도 한 장 주세요.

쪼 또이 못 떠 반 도 주 리익 하노이.
Cho tôi một tờ bản đồ du lịch Hà Nội.

메뉴판 주세요.

쪼 또이 쌤 특 던.
Cho tôi xem thực đơn.

이거랑 이거, 이걸로 주세요.

쪼 또이 까이 나이 바 까이 나이, 까이 나이.
Cho tôi cái này và cái này, cái này.

영수증 주세요.

쪼 또이 화 던.
Cho tôi hóa đơn.

██ 해 주세요. Hãy ██. 하이 ██.

다시 한번 말해 주세요.
씬 하이 노이 라이 런 느어.
Xin hãy nói lại lần nữa.

좀 천천히 말해 주세요.
하이 노이 쩜 쩜 못 쭛.
Hãy nói chậm chậm một chút.

사진 좀 찍어 주세요.
씬 하이 쭙 아잉 줍 또이.
Xin hãy chụp ảnh giúp tôi.

이 주소로 가 주세요.
하이 디 덴 디어 찌 나이.
Hãy đi đến địa chỉ này.

조금만 비켜 주세요.
씬 하이 짜잉 자 못 쭛.
Xin hãy tránh ra một chút.

▨▨ 있나요? Có ▨▨ không? 꼬 ▨▨ 콩?

근처에 ATM기가 있나요?

건 더이 꼬 마이 줏 띠엔 뜨 동 콩 아?
Gần đây có máy rút tiền tự động không ạ?

지사제 있나요?

꼬 투옥 띠에우 짜이 콩?
Có thuốc tiêu chảy không?

창가 쪽 자리 있나요?

꼬 쪼 응오이 건 끄어 소 콩 아?
Có chỗ ngồi gần cửa sổ không ạ?

다른 거 있나요?

꼬 까이 칵 콩 아?
Có cái khác không ạ?

더 싼 거 있나요?

꼬 까이 제 헌 콩 아?
Có cái rẻ hơn không ạ?

 해도 되나요?   (có) được không?
(꼬) 드억 콩?

입어 봐도 되나요?

또이 막 트 드억 콩?
Tôi mặc thử được không?

카드로 계산해도 되나요?

타잉 또안 방 태 드억 콩?
Thanh toán bằng thẻ được không?

여기에서 사진 촬영해도 되나요?

쭙 아잉 어 더이 드억 콩?
Chụp ảnh ở đây được không?

자리를 바꿔도 되나요?

도이 쪼 쪼 또이 드억 콩?
Đổi chỗ cho tôi được không?

들어가도 되나요?

또이 바오 드억 콩?
Tôi vào được không?

어떻게 하나요?   Làm thế nào ? 람 테 나오 ?

버스 정류장은 어떻게 가나요?

자 벤 쌔 부잇 디 테 나오 아?
Ra bến xe buýt đi thế nào ạ?

이 과일 어떻게 파나요?

화 꽈 나이 반 테 나오?
Hoa quả này bán thế nào?

이건 어떻게 사용하나요?

까이 나이 스 중 테 나오?
Cái này sử dụng thế nào?

이 음식은 어떻게 먹나요?

몬 나이 안 테 나오?
Món này ăn thế nào?

이거 베트남어로 어떻게 말하나요?

까이 나이 띠엥 비엣 고이 라 지?
Cái này tiếng Việt gọi là gì?

어디에서 █████ 하나요? Làm ███ ở đâu? 람 ██ 어 도우?

어디에서 표를 사나요?

무어 배 어 도우 아?
Mua vé ở đâu ạ?

어디에서 차를 타나요?

렌 쌔 (/ 밭 쌔) 어 도우 아?
Lên xe (/ bắt xe) ở đâu ạ?

어디에서 환승하나요?

도이 쌔 어 도우 아?
Đổi xe ở đâu ạ?

어디에서 돈을 지불하나요?

짜 띠엔 어 도우 아?
Trả tiền ở đâu ạ?

어디에서 인터넷을 할 수 있나요?

꼬 테 스 중 인터넷 어 도우 아?
Có thể sử dụng internet ở đâu ạ?

언제 하나요?

Khi nào có thể ?
키 나오 꼬 테 ?

언제 도착하나요?

키 나오 덴 너이?
Khi nào đến nơi?

언제 문을 여나요?

키 나오 머 끄어?
Khi nào mở cửa?

언제 문을 닫나요?

키 나오 동 끄어?
Khi nào đóng cửa?

언제 끝나나요?

키 나오 껫 툭?
Khi nào kết thúc?

언제 이륙하나요?

키 나오 껏 까잉?
Khi nào cất cánh?

▨▨ 해 주실 수 있나요?　(Có thể) giúp tôi ▨▨ không?

(꼬 테) 줍 또이 ▨▨ 콩?

한국어 통역을 구해 주실 수 있나요?

(꼬 테) 띰 줍 또이 피엔 직 띠엥 한 꾸옥 드억 콩?
(Có thể) tìm giúp tôi phiên dịch tiếng Hàn Quốc được không?

택시를 불러 주실 수 있나요?

(꼬 테) 고이 딱 시 줍 또이 드억 콩?
(Có thể) gọi tắc xi giúp tôi được không?

기차표를 예매해 주실 수 있나요?

(꼬 테) 닷 무어 배 따우 화 줍 또이 드억 콩?
(Có thể) đặt mua vé tàu hỏa giúp tôi được không?

식당을 예약해 주실 수 있나요?

(꼬 테) 닷 쪼 냐 항 줍 또이 드억 콩?
(Có thể) đặt chỗ nhà hàng giúp tôi được không?

짐을 보관해 주실 수 있나요?

(꼬 테) 쫑 즈 도 줍 또이 드억 콩?
(Có thể) trông giữ đồ giúp tôi được không?

███하고 싶어요.　　　**Tôi muốn** ███. 또이 무온 ███.

이걸 사고 싶어요.

또이 무온 무어 까이 나이.
Tôi muốn mua cái này.

예약하고 싶어요.

또이 무온 닷 즈억.
Tôi muốn đặt trước.

하노이 쌀국수를 먹고 싶어요.

또이 무온 안 퍼 하노이.
Tôi muốn ăn phở Hà Nội.

호안끼엠호수에 가고 싶어요.

또이 무온 디 호 호안 끼엠.
Tôi muốn đi Hồ Hoàn Kiếm.

이 짐을 부치고 싶어요.

또이 무온 그이 하잉 리.
Tôi muốn gửi hành lý.

Part 2

기내에서

자리 찾기

제 좌석은 어디죠?

🎧 MP3 02-01

비행기에 탑승 후, 내 자리가 어딘지 헷갈린다면 입구에 서 있는 승무원에게 물어보면 된다. 기본적으로 탑승권에 좌석 번호가 명시되어 있어 승무원에게 보여주면 원하는 자리를 찾을 수 있다. 또한, 한국에서 출발하는 항공편의 경우 보통 한국인 승무원이 탑승하고 있으므로 너무 긴장하지 말자.

핵심
표현

쪼 꾸어 또이 어 도우 아?

Chỗ của tôi ở đâu ạ?

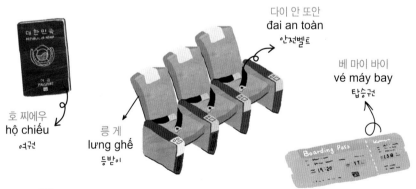

다이 안 또안
đai an toàn
안전벨트

베 마이 바이
vé máy bay
탑승권

호 찌에우
hộ chiếu
여권

릉 게
lưng ghế
등받이

TIP

내 좌석을 찾아가는 중에 베트남인 승객이 통로에 서 있다면, '잠깐 지나가도 될까요?'라는 뜻의 '또이 디 녀 꽈 못 쭛 드억 콩?'(Tôi đi nhờ qua một chút được không?)'이라고 한 마디 해보자.

32

실례지만,
탑승권을 좀 제시하여
주십시오.

신 로이, 쪼 또이 쌤 배 마이 바이.
Xin lỗi, cho tôi xem vé máy bay.

여기는 제 자리인데요.

더이 라 쪼 꾸어 또이 마.
Đây là chỗ của tôi mà.

손님 좌석은 앞쪽입니다.

쪼 응오이 꾸어 뀌 카익 어 피어 쯔억 아.
Chỗ ngồi của quý khách ở phía trước ạ.

저기 빈 자리로 옮겨도
될까요?

또이 꼬 테 쭈엔 상 쪼 쫑 어 끼어 콩?
Tôi có thể chuyển sang chỗ trống ở kia
không?

의자를 뒤로 젖혀도 될까요?

또이 응아 게 자 사우 드억 콩?
Tôi ngả ghế ra sau được không?

안전벨트를 매 주세요.

하이 탓 다이 안 또안 줍 또이.
Hãy thắt đai an toàn giúp tôi.

담요가 필요해요.

🎧 MP3 02-02

비행기가 이륙 후 안전고도에 이르면, 승무원에게 기내 서비스를 요청할 수 있다. 항공사마다 차이는 있지만 대부분 담요, 이어폰, 쿠션 등을 제공하고 있으므로 아래의 핵심 표현을 사용해 필요한 기내 용품을 요청해 보자.

핵심
표현

또이 껀 까이 짠.
Tôi cần cái chăn.

따이 응애
Tai nghe
이어폰

*씨크니스 백
sickness bag
멀미 봉투

*어라이벌 카드
arrival card
입국 신고서

*웻 타월
wet towel
물수건

TIP

기내 용품을 요청하기 전, 승무원을 부르는 호칭에는 '찌 어이(chị ơi, 여성 승무원)', '아잉 어이(anh ơi, 남자 승무원)'가 있으며 확실히 나보다 더 젊은 나이의 승무원인 경우는 성별을 가리지 않고 '앰 어이(em ơi)'라고도 할 수 있다.

34

이어폰 필요하신 손님 계신가요?	꿰 카익 꼬 껀 중 따이 응에 콩 아? Quý khách có cần dùng tai nghe không ạ?
여기 하나 필요해요.	또이 껀 못 까이. Tôi cần một cái.
이어폰이 고장 났어요.	따이 응에 비 홍 조이. Tai nghe bị hỏng rồi.
한국 신문 있나요?	꼬 바우 한 구옥 콩? Có báo Hàn Quốc không?
담요를 한 장 더 주실 수 있나요?	쪼 또이 템 못 까이 짠 드억 콩 아? Cho tôi thêm một cái chăn được không ạ?
볼펜 좀 주세요.	하이 쪼 또이 까이 붓 비. Hãy cho tôi cái bút bi.

음료 서비스 요청하기 **물 한 잔만 주세요.**

🎧 MP3 02-03

기내에 실리는 음료의 종류는 항공사마다 차이가 있지만, 일반적으로 가장 대중적인 음료로 이루어져 있다. 비행 중 목이 마르다면 아래와 같은 표현으로 음료 서비스를 요청해 보자.

핵심
표현

쪼 또이 (씬) 못 꼭 느억.
Cho tôi (xin) một cốc nước.

비아
bia
맥주

까 페
cà phê
커피

즈어우 방
rượu vang
와인(포도주)

짜/ 쩨
trà/ chè
차

TIP

저비용 항공사(LCC항공)

베트남 Vietget처럼 기존 항공사에 비해 저렴한 가격으로 운영되는 저비용 항공사는 보통 기내식이 제공 되지 않는다. 따라서 음료 서비스의 경우에도 생수는 물론 기타 음료나 기내식도 추가로 돈을 구매해야 한 다.

어떤 음료 드시겠습니까?

꿔 비 중 도 우옹 지 아?
Quý vị dùng đồ uống gì ạ?

어떤 음료가 있나요?

꼬 로아이 도 우옹 지 아?
Có loại đồ uống gì ạ?

오렌지 주스, 따뜻한 차와
커피가 있습니다.

꼬 느억 깜, 짜 바 까페 농 아.
Có nước cam, trà và cà phê nóng ạ.

커피 한 잔 주세요.

쪼 또이 못 리 까페.
Cho tôi một ly cà phê.

녹차 있나요?

꼬 짜 싸잉 콩?
Có trà xanh không?

한 잔 더 주시겠어요?

쪼 또이 템 못 리 느어 드억 콩?
Cho tôi thêm 1 ly nữa được không?

닭고기로 주세요.

🎧 MP3 02-04

고도 3만 피트 이상의 하늘에서 먹는 기내식은 여행에서 느낄 수 있는 즐거움 중 하나이다. 기내식은 지상에서 미리 조리되어 탑재되기 때문에 종교나 건강 등의 이유로 일반 기내식을 먹지 못하는 여행자는 특별 기내식을 항공사에 사전 예약해야 한다. 특별 기내식에는 채식, 종교식, 아동식 등의 다양한 종류가 준비되어 있다.

핵심 표현

하이 쪼 또이 몬 팃 가.

Hãy cho tôi món thịt gà.

TIP

특별기내식 - 베트남어 표기법

서양채식(VLML): Suất ăn chay kiểu phương Tây (수엇 안 짜이 끼에우 프엉 떠이)	고기, 생선, 유제품을 사용하지 않는 서양식 채식이다
동양채식(VOML): Suất ăn chay kiểu phương Đông (수엇 안 짜이 끼에우 프엉 동)	고기, 생선, 유제품을 사용하지 않는 동양식 채식이다
아동식 (CHML): Suất ăn em bé (수엇 안 앰 베)	만 2세~12세 미만의 어린이에게 제공되는 기내식이다.
과일식(FPML) Suất ăn hoa quả (수엇 안 화 과)	신선한 과일로 구성된 기내식이다.
해산물식(SFML) Suất ăn hải sản (수엇 안 하이 싼)	신선하고 다양한 해산물로 구성된 기내식이다.
당뇨식(DBML) Suất ăn cho người bệnh tiểu đường (수엇 안 쪼 응어이 베잉 띠에우 드엉)	당뇨병 환자에게 적합한 기내식으로 당분이 거의 함유되어 있지 않다.

손님, 식사하시겠습니까?

퀴 카익 꼬 중 껌 콩 아?
Quý khách có dùng cơm không ạ?

나중에 먹어도 될까요?

또이 안 사우 드억 콩?
Tôi ăn sau được không?

식사는 안 하겠습니다.

또이 콩 안 껌.
Tôi không ăn cơm.

쇠고기와 닭고기가 있는데,
어떤 걸로 하시겠습니까?

특 던 꼬 팃 보 바 팃 가, 퀴 카익 중 지 아?
Thực đơn có thịt bò và thịt gà, quý
khách dùng gì ạ?

볶음 국수로 하나 주세요.

쪼 또이 도 안 끼에우 미 싸오.
Cho tôi đồ ăn kiểu mỳ xào.

테이블을 펴 주시기 바랍니다.

람 언, 머 반 안 자.
Làm ơn, mở bàn ăn ra.

+PLUS
□ 접다 겁(gấp)

면세품 카탈로그에 있는 이 제품 있나요?

🎧 MP3 02-05

식사 서비스가 끝나면 승무원의 기내 면세품 판매가 시작된다. 면세품 판매 시 다양한 프로모션을 진행하기도 하는데, 원하는 상품이 품절되었을 경우에는 구매 예약을 하면, 돌아오는 항공편에서 면세품을 구매할 수 있다.

핵심 표현

꼬 산 펌 쫑 자잉 묵 항 미엔 퉤 나이 콩?

Có sản phẩm trong danh mục hàng miễn thuế này không?

까이 깹 미 맛
cái kẹp mi mắt
속눈썹 뷰러

손
son
립스틱

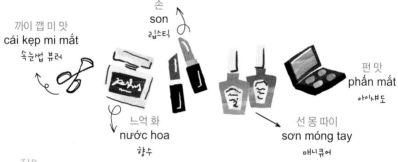

느억 화
nước hoa
향수

선 몽 따이
sơn móng tay
매니큐어

펀 맛
phấn mắt
아이섀도

TIP

화장품 브랜드 명칭

아르마니 ARMANI 아르마니	바이오 템 BIOTHERM 비오템	쑤우애 무라 Shuuemura 슈에무라	란 꼼 Lancome 랑콤
아모래 파시픽 Amore pacific 아모레퍼시픽	헤라 Hera 헤라	순화수 Sulwhasoo 설화수	매디힐 Mediheal 메디힐

지금부터 면세품 판매를
시작하겠습니다.

버이 저 쭝 또이 밧 도우 반 항 미엔 퉤.
Bây giờ chúng tôi bắt đầu bán hàng miễn thuế.

선크림 한 세트를 사고 싶어요.

또이 무온 무아 못 보 깸 쫑 낭.
Tôi muốn mua một bộ kem chống nắng.

이 록시땅 핸드크림은
얼마예요?

깸 즈엉 자 따이 록시땅 바오 니에우 띠엔 아?
Kem dưỡng da tay L'Occitane bao nhiêu tiền ạ?

담배를 판매하나요?

꼬 반 투옥 라 콩 아?
Có bán thuốc lá không ạ?

신용카드로 계산해도 되나요?

타잉 또안 방 태 띤 중 드억 콩?
Thanh toán bằng thẻ tín dụng được không?

결제는 베트남동으로 할게요.

또이 세 타잉 또안 방 띠엔 비엣.
Tôi sẽ thanh toán bằng tiền Việt.

+PLUS ▢ **원화** 띠엔 원 한 구옥(tiền Won Hàn Quốc)
▢ **달러** 띠엔 도 라(tiền Đô la)
▢ **엔화** 띠엔 이엔 녓(tiền Yên Nhật)

✳ 계절별 추천 여행지 ✳

봄

여름

다랏(Da Lat)

Best Spot 다랏 꽃 축제

베트남의 남부 고원 지대에 위치해 사계절 내내 쾌적하다. 20세기 초반 프랑스 통치 시기부터 휴양지로 개발되었으며, 요즘은 신혼여행지로 매우 유명하다. 다랏은 날씨와 토양이 좋아서 다양한 품종의 꽃이 재배되어 꽃의 도시라고도 불린다.

냐짱(Nha Trang)

Best Spot 냐짱 해변

냐짱은 세계에서 가장 아름다운 만(bay)의 하나로 꼽힐 정도로 전세계적으로 유명한 관광지로 '동양의 나폴리'라고도 불린다. 여름에는 해양스포츠를 즐기려는 수많은 관광객이 몰려든다.

가을

겨울

사파(Sa Pa)

Best Spot 사파 계단식 논

사파는 베트남 북서쪽에 위치한 산악 마을이다. 5개 소수민족이 모여사는 곳이라 이들 소수민족을 보러오거나, 멋진 자연 경관을 카메라에 담기 위해 수많은 여행객이 몰려든다. 가을에 사파에 가면 노랗게 물든 계단식 논 풍경이 장관이다. 이곳 계단식 논은 미국 〈Travel and Leisure〉가 선정한 전세계에 7대 최고의 계단식 논에 이름을 올렸다.

목쪼우(Moc Chau)

Best Spot 목쪼우 차밭

베트남은 겨울에도 기온이 영하까지 내려가는 경우가 거의 없지만, 사파와 같은 높은 산악 지역에 가면 눈을 볼 수 있다. 베트남 북부 고원지대에 위치한 목쪼우는 드넓은 차밭으로 유명하다.

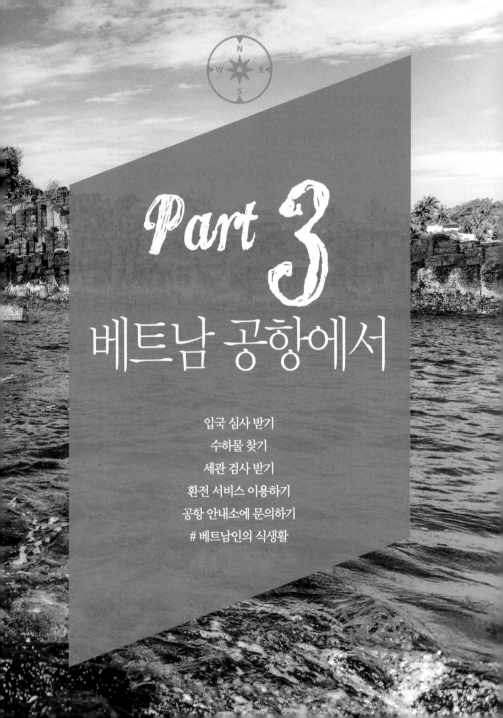

Part 3
베트남 공항에서

여행하러 왔어요.

🎧 MP3 03-01

베트남 공항에 도착하면 우선 입국 심사대로 가서 입국 심사를 받아야 한다. 입국 심사대에 도착하면, '외국인(Foreigner)' 표시가 되어 있는 곳에 줄을 서서 여권을 보여주면 된다. 입국 심사 시 베트남 여행 목적이나 베트남 내 거주지를 물어보는 경우도 있지만, 베트남어로 대답하기 어렵다 해도 그냥 이해하고 넘어가기 때문에 당황하거나 긴장할 필요는 없다.

핵심
표현

또이 디 주 리익.
Tôi đi du lịch.

TIP 베트남 입국 절차

01 베트남 도착

02 검역 검사

03 입국 심사

06 공항에서 떠나기

05 세관 검사

04 수하물 찾기

★세관 신고서는 신고할 물품이 있을 경우에만 내면 된다.

여권 좀 보여 주세요.

쪼 또이 쌤 호 찌에우.
Cho tôi xem hộ chiếu.

+PLUS
□ 입국 신고서
떠 카이 녑 까잉
(tờ khai nhập cảnh)

베트남 방문 목적은
무엇입니까?

묵 딕 녑 까잉 비엣 남 라 지 아?
Mục đích nhập cảnh Việt Nam là gì ạ?

여기에서 얼마나
체류하십니까?

뀌 비 새 르우 쭈 어 더이 바오 러우?
Quý vị sẽ lưu trú ở đây bao lâu?

4일 간이요.

쫑 본 응아이 아.
Trong 4 ngày ạ.

+PLUS
□ 2일 하이 응아이(2 ngày)
□ 3일 바 응아이(3 ngày)

어디서 머무르십니까?

뀌 비 새 응이 어 도우?
Quí vị sẽ nghỉ ở đâu?

그랜드 하얏트 호텔이요.

어 카익 산 그랜 하이앗.
Ở khách sạn Grand hyatt.

제 짐을 찾을 수가 없어요.

🎧 MP3 03-02

입국 심사를 마친 후, 본격적으로 자신의 짐(수하물)을 찾아야 한다. 어디로 가야 할지 헷갈린다면 짐을 부칠 때 받았던 수하물 표를 보자. 수하물 표에서 내가 탔던 항공기의 항공편명을 확인 후 짐 찾는 곳(Băng chuyền trả hành lý)으로 가면 된다. 많은 짐이 한꺼번에 나오기 때문에 짐을 부치기 전에 짐에 특별한 표시를 하거나 이름표를 달아두면 좋다. 그러나 그래도 내 수하물을 찾을 수 없거나 짐이 나오지 않는다면 아래 핵심 표현을 사용해 항공사 직원에게 질문해 보자.

핵심
표현

또이 콩 테 띰 터이 하잉 리 꾸어 또이.

Tôi không thể tìm thấy hành lý của tôi.

TIP

수하물 표(Phiếu ký gửi hành lý) 보는 법

VIETNAM AIRLINES

❶ JEONG/JISUN

❷ ICN → HAN

❸ DY 178 / ❹ 3MAY

❺ 0337444929

❻ SEC 300 BAG ❼ 1 / ❽ 11

❶ 성명 : 정지선
❷ 출발지 : 인천 → 목적지 : 하노이
❸ 항공편명 : 동양항공 178
❹ 날짜 : 5월 3일
❺ 항공사 번호 + 수하물 번호
❻ 수하물 수속 순서
❼ 가방 개수 : 1개
❽ 가방 무게 : 11kg

짐은 어디서 찾나요?

러이 하잉 리 어 도우 아?
Lấy hành lý ở đâu ạ?

수화물 표 좀 보여주세요.

쪼 또이 쌤 피에우 끼 그이 하잉 리.
Cho tôi xem phiếu ký gửi hành lý.

무슨 항공편으로 오셨습니까?

디 덴 방 쭈엔 바이 나오 아?
Đi đến bằng chuyến bay nào ạ?

베트남항공 252편으로 왔어요.

또이 덴 더이 방 쭈엔 비앤 하이 남 하이 꾸어 비엣남 에어.
Tôi đến đây bằng chuyến VN 252 của Vietnam air.

짐이 아직 안 나왔어요.

번 쯔어 터이 하잉 리 자.
Vẫn chưa thấy hành lý ra.

트렁크가 망가졌어요.

바 리 꾸어 또이 비 홍 조이.
Va ly của tôi bị hỏng rồi.

49

이거 친구에게 줄 선물이에요.

🎧 MP3 03-03

일반적으로 짐을 찾고 출구로 나가면 도착지 공항에서의 모든 수속이 마무리 된다.
이때 세관을 통과하는데 신고할 물품이 있다면, 세관신고서를 제출하면 되고 없다면
그냥 출구로 나오면 된다. 세관을 지날 때, 만약 세관 직원이 내 짐에 대해 묻는다면
아래의 핵심 표현으로 대답해 보자.

핵심
표현

더이 찌 라 꽈 쪼 반 토이.

Đây chỉ là quà cho bạn thôi.

공항에서 수하물 서비스 이용하기!

❶ 카트(손수레) 서비스: 터미널, 주차 구역 등에서 짐을 옮길
때 무료로 사용할 수 있다.

❷ 수하물 보관 서비스: 여행객을 위해 24시간 수하물 보관
과 포장 서비스를 제공하고 있다. 수하물 보관이 필요하
다면, '꾸어이 쫑 즈 하잉 리(quầy trông giữ hành
lý)'이라고 적혀 있는 곳을 찾아보자.

신고할 것이 있습니까?

꼬 지 껀 카이 바오 콩 아?
Có gì cần khai báo không ạ?

없어요.

콩 아.
Không ạ.

이 가방 안에는 뭐가 들어
있습니까?

쫑 끼엔 하잉 리 나이 꼬 까이 지 더이 아?
Trong kiện hành lý này có cái gì đấy ạ?

가방을 열어 주세요.

하이 머 하잉 리 자.
Hãy mở hành lý ra.

이것들은 모두
제 개인 용품입니다.

능 까이 나이 데우 라 도 중 까 년 꾸어 또이.
Những cái này đều là đồ dùng cá nhân
của tôi.

이건 과세 대상입니다.

더이 라 도 파이 찌우 투에.
Đây là đồ phải chịu thuế.

환전하려고 하는데요.

🎧 MP3 03-04

환전은 해외로 나가는 당일 공항에서 환전을 하는 것보다 여행 전 국내 은행에서 미리 하는 것이 유리하다. 또 환전 방식은 우리나라에서 미리 베트남동으로 환전해 가는 방법과 미달러로 환전한 뒤, 현지에서 베트남동으로 환전하는 방법이 있다. 최근에는 여행자와 유학생이 증가함에 따라 은행마다 해외직불카드를 발급하기 때문에, 현지 공항 은행이나 ATM기에서 '동(VND)'을 인출할 수 있다. Visa 등 해외에서 사용 가능한 신용카드를 이용하는 것도 방법이다.

핵심
표현

또이 무언 도이 띠엔.
Tôi muốn đổi tiền.

베트남에서 ATM기 사용법!

한국어 표기는 없어도 영어 버전은 있으므로 너무 긴장하지 말자.

01
카드 삽입
ATM기 상단에 사용 가능한 카드 목록 확인 후, 카드 삽입.

02
비밀번호 입력
"Hãy nhập số bí mật(비밀번호를 입력하세요)" 문구가 뜨면, 한국에서 카드 결제 시 입력하는 비밀번호를 입력.

03
서비스 선택
현금을 뽑고 싶으면 "Rút tiền(출금)" 버튼을 선택하면 된다.

04
금액 입력
금액을 선택하거나 직접 숫자를 입력하면 된다.

05
현금과 카드 수령
돈을 받은 후, 화면에 있는 'Nhận lại thẻ (카드 돌려 받기)' 버튼을 눌러서 카드를 받도록 하자.

어디서 환전할 수 있죠?

또이 꼬 테 도이 띠엔 어 도우 아?
Tôi có thể đổi tiền ở đâu ạ?

근처에 ATM기가 있나요?

건 더이 꼬 마이 어이 티 앰 콩 아?
Gần đây có máy ATM không ạ?

달러를 베트남동으로
바꿔 주세요.

하이 도이 도 라 상 띠엔 비엣 쪼 또이.
Hãy đổi đô la sang tiền Việt cho tôi.

얼마나 환전하실 거예요?

도이 바오 니에우 아?
Đổi bao nhiêu ạ?

1500달러요.

못 응인 남 짬 도 라.
1500 đô la.

10만 동짜리 10장이랑
5만 동짜리 20장으로 주세요.

쪼 또이 므어이 떠 못 짬 응안 바 하이 므어이 떠 남
므어이 응안 동.
Cho tôi 10 tờ 100 ngàn và 20 tờ 50 ngàn
đồng.

하노이 지도를 한 장 주세요.

🎧 MP3 03-05

공항에서 숙소로 출발 전 관광안내소에 방문해 보자. 방문 도시의 관광 지도를 구하거나 관광지를 추천 받을 수도 있으며, 만약 머물 숙소를 예약하지 못한 상태라면 관광 숙소도 추천 받을 수 있고 부탁하면 예약도 해준다. 공항이 생소하여 헤맬 수 있으므로 출발 전에 택시를 타는 장소나 공항버스 정류장 등의 위치를 문의해 보는 것도 좋은 방법이다.

핵심
표현

쪼 또이 못 떠 반 도 하노이.
Cho tôi 1 tờ bản đồ Hà Nội.

TIP

다운로드 해서 가면 좋은 어플!

구글맵스 (Google Maps)		여행 갈 때 필수 어플! 베트남에서도 사용 가능하며, 한글로 입력해도 된다.
띰 부잇 (Timbus.vn)		하노이 지역 버스 노선 검색 어플이다.
그랩 (Grab)		어플로 예약해서 택시나 오토바이 택시를 부를 수 있다. 비슷한 어플로는 우버(Uber)가 있었지만 최근에 그랩이 우버를 인수했다.

안내소는 어디에 있나요?

꾸어이 흐엉 전 어 도우 아?
Quầy hướng dẫn ở đâu ạ?

공항버스는 어디에서 타나요?

꼬 테 돈 쌔 부잇 선 바이 어 도우 아?
Có thể đón xe buýt sân bay ở đâu ạ?

환끼엠 호수까지 가는 차는
몇 시에 있나요?

머이 저 꼬 쌔 디 호 환 끼엠?
Mấy giờ có xe đi Hồ Hoàn Kiếm?

약도를 한 장 그려 주세요.

하이 배 줍 또이 서 도.
Hãy vẽ giúp tôi sơ đồ.

여기에서 호텔을 예약할 수
있나요?

또이 꼬 테 닷 카익 산 어 더이 드억 콩?
Tôi có thể đặt khách sạn ở đây được
không?

값싼 호텔을 추천해 주세요.

하이 저이 투에우 줍 또이 카익 산 자 제.
Hãy giới thiệu giúp tôi khách sạn giá rẻ.

* 베트남인의 식생활 *

아침

점심

베트남은 대부분 맞벌이를 하고 출근 시간도 이른 편이라, 아침을 집에서 직접 만들어 먹기 보다 밖에서 간단히 사 먹는 사람이 더 많다. 베트남 사람들이 아침에 가장 많이 먹는 음식 으로는 쌀국수인 '포(phở)', 베트남식 샌드위 치인 '반미(bánh mỳ)', 찹쌀밥 '쏘이(xôi)' 등 이 있다.

베트남 사람들은 점심 식사도 간단하게 해결 하는 편인데, 직장인들은 주로 '콤반퐁(cơm văn phòng)'이라는 점심식사 전문 식당에서 먹는데, 요즘에는 사무실에서 배달시켜서 먹기 도 한다. 일반적으로는 밥과 고기, 야채, 두부 로 만든 반찬과 같이 시켜서 먹는다. 식사 후에 는 커피숍이나 길거리 찻집에서 커피나 녹차 를 마시면서 잠시 쉬기도 한다.

베트남에는 쌀국수의 종류가 아주 다양하게 있다. 쌀국수는 주식으로 하기보다는 아침 식 사나 간식으로 많이 먹는다.

밥과 갈비살고기가 같이 나오며 베트남인들이 즐겨먹는 음식이다.

저녁

베트남에서는 보통 아내가 장을 보고 저녁식사를 준비한다.(요즘은 남자기 도와주기도 한다.) 저녁은 가족이 다 집으로 돌아와 다 같이 먹기 때문에 아침이나 점심보다 다양한 요리를 준비한다. 기본 요리로는 생선, 육류, 채소를 재료로 한 것과 탕 등이 있다. 요리를 위주로 쌀밥을 곁들여 먹고, 탕 또는 국은 말아먹거나 따로 마시며 마지막으로 과일로 마무리한다. 특히 베트남 음식은 생선액젓에 찍어 먹는 음식이 많아 항상 액젓그릇이 따로 있다.

★식사 예절

한국과 달리 국은 보통 주요리로 생각하지 않으며 밥과 함께 먹는 고기 반찬을 주 요리로 생각한다. 밥은 보통 그릇을 들고 먹는다. 또 식사할 때 분위기는 그렇게 엄숙하지 않아 자유로운 대화를 나누며 맛있는 음식을 즐기면 된다. 다만 베트남 사람들은 밥을 먹을 때 입에서 소리가 나는 것은 예절에 어긋난다고 생각한다.

$Part\ 4$

교통수단

버스로 대우호텔에 갈 수 있나요? ∩MP3 04-01

처음 베트남을 방문한다면, 공항에서 첫 번째 목적지까지 가는 최적의 교통수단을 선택하고, 가는 방법과 주소 등을 미리 메모해 두는 것이 좋다.

외국인이나 베트남인은 현재까지 아직 공항에서 목적지까지 택시를 많이 이용한다. 공항에서 시내까지는 약 30km 거리이며 택시를 이용하면 보통 45분에서 1시간 정도 걸린다. 요금은 약 200,000동~400,000동 정도이다. 공항에서 시내까지 일반버스는 07, 17, 90, NB01, NB02, NB03 버스가 있으며 요금은 약 8,000동이다. 공항 전용버스로는 86번 버스가 있으며 요금은 약 30,000동이다. 그 외에 Vietnam airline, Vietjet air, Jetstar air 등 항공사가 운영하는 공항버스도 있으며 요금은 40,000 동이다. 버스를 탈 경우 공항에서 목적지까지 가는 버스 번호를 확인하여 타면 되고 버스를 타고 난 후에 안내원에게 돈을 주고 버스표를 받으면 된다. 하노이 공항의 경우 하노이 시내로 가는 버스는 86번이 가장 좋다.

핵심 표현

꼬 테 디 쌔 부잇 덴 카익 산 대우 콩?

Có thể đi xe buýt đến khách sạn Deawoo không?

TIP

하노이의 교통카드, 배 탕(vé tháng, 월 버스 이용권)

베트남에서 대중교통이 크게 발달되지 않아 외국인이 불편할 수 있다. 버스는 노선이 많이 있지만 자동화 시설이 없어서 버스마다 안내원이 직접 1회용 티켓을 판매한다. 버스를 많이 타는 사람이면 1개월 버스 이용권(vé tháng)을 사서 이용할 수 있다. 월 이용권으로는 선택 노선 또는 전체 노선을 마음껏 이용할 수 있다. 선택 노선 이용권은 100,000동(약 5000원), 전체 노선 이용권은 200,000동이다.

여무원에게 한마디

또이 무온 무아 배 탕.

Tôi muốn mua vé tháng.

월 버스 이용권 한 장 사고 싶어요.

공항선은 어디에서 타야 해요?
쌔 부잇 디 선 바이 어 도우?
Xe buýt đi sân bay ở đâu?

매표소는 어디에 있나요?
꾸어이 반 배 어 도우?
Quầy bán vé ở đâu?

소피텔 메트로폴에 가려면 몇
정류장을 가야 해요?
뜨 더이 덴 소피델 매쪼폰 파이 디 머이 벤?
Từ đây đến Sofitel Metropole phải đi
mấy bến?

소피텔 메트로폴에 가려면
어디에서 내려요?
무언 덴 소피델 매쪼폰 파이 쑤옹 벤 나오?
Muốn đến Sofitel Metropole phải xuống
bến nào?

어디서 갈아 타면 돼요?
파이 도이 쌔 어 도우?
Phải đổi xe ở đâu?

대우 호텔에 가고 싶어요.
또이 무온 덴 카익 산 대우.
Tôi muốn đến khách sạn Daewoo.

환끼엠호수에 가려면 몇 번 버스를 타야 해요? 🎧 MP3 04-02

공항버스를 타면 저렴한 가격으로 유명한 관광지나 번화가 가까운 곳에 내릴 수 있다는 장점이 있다. 하노이 공항버스는 여러 개 있지만 외국인 관광객들에게는 86번이 제일 편리하다. 깨끗한 데다가 버스안에 무료 와이파이가 설치되어 있고, 관광객이 많이 가는 환끼엠 지역으로 가기 때문이다.

베트남의 시내버스는 종류가 다양한데, 버스 안에 안내원이 있으므로 목적지를 말하고 도착하면 알려달라고 부탁하면 되므로 아주 편리하다.

핵심
표현

무언 덴 호 환 겸 파이 디 쌔 부잇 소 머이?
Muốn đến Hồ hoàn kiếm phải đi xe buýt số mấy?

TIP

베트남 버스 이용법

❶ 버스 정류장에 가면, 한국과 같이 현 위치의 명칭은 물론 노선별 행선지가 표지판 위에 자세히 쓰여 있다.

❷ 버스 번호는 각각의 번호를 하나씩 나열하듯 읽는다(방 번호, 전화번호 역시 동일하게 읽으면 된다).
　　🗨 쌔 부잇 소 바 하이(xe buýt số 32) ← 32번 노선 버스

❸ 베트남 버스에는 자동 단말기가 없고 안내원이 항상 탑승자의 표를 확인한다. 일일 표인 경우 확인한 후 그 표를 다시 사용하지 못하께끔 조금 구멍을 내어 돌려준다. 표는 버스를 타고 가는 동안 분실하지 않도록 잘 보관해야한다. 왜냐하면 중간에 언제든지 버스회사 감사요원들이 갑자기 나타나 버스 탑승객 수와 팔린 표의 수량을 같이 확인하기 때문이다.

버스 정류장은 어디예요?	벤 쌔 부잇 어 도우 아? Bến xe buýt ở đâu ạ?
강남빌딩에 가나요?	꼬 디 경남 콩? Có đi Keangnam không?
서호까지 몇 정거장이나 더 가야 해요?	덴 호 떠이 파이 디 템 바오 니에우 벤 느어? Đến Hồ Tây phải đi thêm bao nhiêu bến nữa?
다음에 내리세요.	벤 사우 티 쑤옹. Bến sau thì xuống.
내릴 사람 있어요?	꼬 아이 쑤옹 콩? Có ai xuống không?
잠시만요, 내릴게요.	더이 못 쭛, 쪼 또이 쑤옹. Đợi một chút, cho tôi xuống.

+PLUS
간단하게 '내려요, 내려!'의
의미인 '쑤옹 쑤옹 더이!
(xuống, xuống đây!)'
라고 해도 된다.

롯데호텔로 가 주세요.

🎧 MP3 04-03

하노이공항에서 하노이 시내까지 택시를 타면, 200,000~400,000동 정도의 요금이 나온다. 택시 기본 요금은 도시마다 조금 차이가 있지만, 기본 요금 이후로는 평균 약 Km당 10,000동에서 15,000동 정도의 요금이 추가된다.

핵심
표현

쪼 또이 쑤옹 카익 산 롯데.
Cho tôi xuống khách sạn Lotte.

TIP
택시 이용할 때 Tip!

❶ 하노이 택시 기본 요금을 살펴보면 0.5km까지는 택시회사마다 6,000동부터 10,000동까지 기본요금이 있는데 그 다음부터 1km당 10,000동에서 15,000동 정도 오른다. 특히 베트남에서는 밤에도 할증 요금이 없다.

택시 기사에게 한마디
디 라앙 박.
Đi Lăng bác.
호찌민 영묘로 가 주세요.

❷ 베트남어로 말하기 어렵다면, 메모에 목적지 주소를 영어로 적어 택시 기사에게 보여 주자.

❸ 내릴 때 영수증 챙기기! 택시 영수증에는 차 번호와 승하차 시간까지 다 나와 있어 물건을 두고 내렸거나, 바가지 요금을 받았을 때 증거 자료가 된다.(영수증이 없는 택시도 있다.)

트렁크 좀 열어 주세요.

하이 머 꼽 쌔 줍 또이.
Hãy mở cốp xe giúp tôi.

이 주소로 가 주세요.

하이 드어 또이 덴 디어 찌 나이.
Hãy đưa tôi đến địa chỉ này.

가까운 길로 가 주세요.

하이 디 태우 드엉 건 녓.
Hãy đi theo đường gần nhất.

공항까지 얼마나 걸리죠?

디 덴 선 바이 멋 바오 러우?
Đi đến sân bay mất bao lâu?

20분이면 도착 가능합니다.

멋 쾅 하이 므어이 풋 라 덴 아.
Mất khoảng 20 phút là đến ạ.

영수증 주세요.

쪼 또이 화 던.
Cho tôi hóa đơn.

침대칸 표가 남아 있나요?

🎧 MP3 04-04

여행을 길게 가거나 유학생인 경우, 보통 다른 도시도 가 보고 싶기 마련이다. 이럴 때는 기차를 이용해 보자. 베트남에서는 5~6시간을 기차로 이동하는 건 아무 것도 아니어서 먼 곳의 경우, 1박 2일을 기차를 타고 가기도 한다. 기차의 종류도 매우 다양하며, 좌석도 선택할 수 있다. 여권 지참은 필수! 멀리 간다면 침대칸을 이용해 보자.(일반 침대와 고급 침대가 있음) 베트남 여행의 색다른 즐거움을 느낄 수 있다.

핵심
표현

꼬 꼰 배 어 또아 즈엉 남 콩?

Có còn vé ở toa giường nằm không?

TIP

기차 예약하기!

베트남 국가 기차예약 사이트인 VNR 사이트를 이용하면 쉽게 기차를 예약할 수 있다.(dsvn.vn)

* 베트남어와 영어 지원. → 영어를 선택하여 예약하면 된다.
* VISA, MASTER 등 국제 브랜드 신용카드 사용 가능.
* 꼭! 여권에 있는 영문 이름으로 표기해야 함.
  → 기차 역에 도착한 후에는 예약 번호와 여권을 보여 줘야 표를 받을 수 있다.

편도로 드릴까요,
왕복으로 드릴까요?

뭐 배 못 찌에우 하이 배 크 호이 아?
Mua vé một chiều hay vé khứ hồi ạ?

왕복표 한 장 주세요.

쪼 또이 못 배 크 호이.
Cho tôi một vé khứ hồi.

좌석으로 드릴까요,
침대칸으로 드릴까요?

뭐 배 응오이 하이 배 즈엉 남 아?
Mua vé ngồi hay vé giường nằm ạ?

Part 4

교통수단

일반 침대 위에 칸으로
두 장이요.

쪼 또이 하이 배 즈엉 떵 쩬 어 또아 즈엉 남.
Cho tôi 2 vé giường tầng trên ở toa
giường nằm.

+PLUS
□ **아래칸** 증엉 떵 즈어이
(giường tầng dưới)

표를 환불하고 싶은데요.

또이 무온 짜 라이 배.
Tôi muốn trả lại vé.

기차에 물건을 두고 내렸어요.

또이 데 꾸엔 도 어 쩬 따우 화.
Tôi để quên đồ ở trên tàu hỏa.

* 영화 속 그 장소 *

하롱베이(Vịnh Hạ Long)

〈콩: 스컬 아일랜드(Kong: Skull Island)〉의 배경이 된 곳으로, 유네스코에서 지정한 세계 자연문화유산으로 지정할 만큼 아름다운 곳이다. 아름다운 경치도 많고 신선한 해산물도 다양하여 전세계적으로 유명하다.

짱안(Tràng An)

닌빈성에 위치한 짱안은 과거 베트남의 수도로, 하노이에서 2시간 거리에 있다. 육지의 하롱베이로 불릴 정도로 아름다운 경치를 자랑한다. 나뭇배를 타고 경치를 만끽하고 동굴에 들어가는 투어를 즐길 수 있다.

하롱베이를 배경으로 한
〈콩: 스컬 아일랜드〉 포스터

원주민 마을로 만든 장소가
현재 영화세트장으로 만들어
관광객을 많이 유치하고 있다.

베트남 지폐 속 그 장소

현재 베트남에서 통용되는 화폐의 뒷면에는 베트남을 대표하는 명소가 그려져 있다. 베트남을 여행하면서 화폐 속 그 장소를 찾아가 보는 것도 좋을 듯하다.

호찌민 주석의
어린 시절 고향집

유네스코 세계자연유산
으로 등록되어 있는
하롱베이

하노이의
문묘(국자감) 퀘반각

훼의 향강둑에 위치한
남향의 2층 건물

호이안의 일본 다리

하이퐁의
부두

Part 5
숙소에서

방을 예약하려고 하는데요.

🎧 MP3 05-01

숙소는 여행의 피로를 풀 수 있는 곳으로 여행에서 큰 비중을 차지한다. 미리 검색하여 적합한 곳을 예약하는 것이 가장 좋으나 혹시나 준비하지 못했다면 공항의 관광안내소에서 추천 받거나 당일 예약이 가능한 숙소를 찾으면 된다. 단, 베트남 연휴 기간에는 빈방이 없거나 가격이 매우 비쌀 수 있으므로 주의하자!

핵심 표현

또이 무온 닷 퐁.

Tôi muốn đặt phòng.

TIP

베트남 숙소 알고가기 – 호텔

우리나라가 호텔 등급을 무궁화로 표시하는 것처럼 베트남 역시 별을 사용해 호텔의 등급을 표시한다.

❶ 베트남의 호텔 등급을 표시하는 별의 경우, 5성급이 가장 높고 같은 급이어도 약간 차이가 있다. 등급이 있는 호텔 외에 우리나라의 모텔이나 여관과 비슷한 '냐응이(nhà nghỉ)'도 있으나 시설이 그렇게 좋지 않다.

❷ 베트남 호텔은 입실할 때 방값과 보증금을 먼저 지불해야 한다. 보증금은 보통 신용카드로 걸어놔서 퇴실할 때 각종 부대비용 및 기물 손실 비용 등을 계산한다.

　※ 보증금 영수증과 숙박비 영수증을 잘 보관한 후, 퇴실할 때 제시하자.

한국어 하실 수 있는
분 있나요?

꼬 아이 비엣 띠엥 한 구옥 콩?
Có ai biết tiếng Hàn Quốc không?

예약을 안 했는데요.

또이 쯔어 닷 쯔억.
Tôi chưa đặt trước.

빈방 있나요?

꼬 퐁 쫑 콩 아?
Có phòng trống không ạ?

어떤 방을 원하십니까?

뀌 카익 무온 투에 퐁 로아이 나오 아?
Quý khách muốn thuê phòng loại nào ạ?

+PLUS
□ 더블룸
퐁 도이(phòng đôi)
□ 스탠다드룸
퐁 띠에우 주언
(phòng tiêu chuẩn)

싱글룸으로 주세요.

또이 무온 투에 퐁 던.
Tôi muốn thuê phòng đơn.

욕실에 욕조가 있나요?

쫑 퐁 땀 꼬 본 땀 콩?
Trong phòng tắm có bồn tắm không?

체크인을 하고 싶은데요.

🎧 MP3 05-02

숙소를 저렴하게 이용하려면 여행을 떠나기 전 미리 검색 후 예약하고 가자. 미리 예약을 하면 대부분의 호텔이 원래 가격에서 할인을 해준다. 특히 호텔의 경우, 현장 지불 시 별도로 15%의 서비스 비용을 추가로 받는 곳이 많으므로 예약할 때와 비용이 다르다고 당황하지 말자. 또한, 성수기와 비수기의 요금 차이가 매우 크므로 비수기를 택하는 것이 좋다. 숙소 예약은 예산에 맞게 온라인 예약 사이트나 여행사를 통해 예약 하면 된다.

핵심
표현

또이 무언 년 퐁.

Tôi muốn nhận phòng.

베트남 호텔 알고 가기

❶ 여관급의 숙소인 냐 응이(nhà nghỉ)는 시설이 매우 열악하기 때문에 외국인이 이용하는 것은 추천하지 않는다.

❷ 저렴한 숙소로는 유스호스텔과 비슷한 냐 카익(nhà khách), 카익 산 미니(khách sạn mini)를 선택하는 방법이 있고, 대도시에는 한국인이 운영하는 민박집도 곳곳에 있으며 많이 비싸지 않다.

❸ 가격이 저렴한 숙소의 경우, 온수를 24시간 제공하지 않는 곳이 많기 때문에 입실할 때 온수 사용이 가능한 시간을 반드시 미리 확인해야 한다.

예약하셨습니까?

다 닷 쯔억 쯔어 아?
Đã đặt trước chưa ạ?

네, 이름은 정지선입니다.

조이 아, 뗀 또이 라 정 지 선 아.
Rồi ạ, tên tôi là Jeong Ji Sun ạ.

먼저 이 표를 작성해 주세요.

쯔억 띠엔, 씬 하이 디엔 바오 피에우 나이.
Trước tiên, xin hãy điền vào phiếu này.

8층 805호이고,
룸카드는 여기 있습니다.

더이 라 테 콰 퐁. 퐁 땀 닝 남 떵 땀 아.
Đây là thẻ khóa phòng, phòng 805 tầng
8 ạ.

체크아웃은 몇 시까지인가요?

파이 짜 퐁 룩 머이 저 아?
Phải trả phòng lúc mấy giờ ạ?

아침 식사는
몇 시부터 제공하나요?

꼬 테 안 쌍 뜨 머이 저 아?
Có thể ăn sáng từ mấy giờ ạ?

와이파이 비밀번호가 뭐예요?

🎧 MP3 05-03

호텔 숙박 시 호텔에서 제공되는 다양한 서비스를 이용해 보자. 베트남 호텔은 대부분 객실 내에 비치된 음료, 컵라면, 간식 거리 등도 모두 요금이 있으니 먹기 전에 반드시 확인하고 이용해야 한다. 또한, 베트남의 대형 호텔 내에는 헬스클럽, 비즈니스 센터, 수영장, 사우나, 식당 등의 시설이 갖추어져 있는 곳도 있고, 환전, 여행, 우체국 업무 등을 대행해 주는 곳도 있다. 혹시 다음 날 아침 일찍 체크아웃하고 택시를 타야 한다면 프런트 데스크에 미리 예약해 콜택시를 불러 달라고 요청하자.

핵심
표현

먿 코우 와이파이 라 지 아?
Mật khẩu wifi là gì ạ?

TIP

호텔 투어데스크 서비스!(Tour Desk)

여행지에 익숙하지 않은 여행객의 경우 호텔에서 가장 편하게 도움 받을 수 있는 직원으로 '투어데스크'가 있다. 호텔 투어데스크는 고급 호텔 또는 휴양지 호텔에는 일반화된 서비스로, 근처 유명 음식점 예약뿐만 아니라 항공편 예약, 관광지 안내 등 투숙객의 다양한 요구를 들어준다.

※참고로 호텔에 관한 전반적 문의는 프런트 직원에게 하면 된다. 작은 호텔의 경우, 프런트 직원이 투어데스크의 업무를 대신하기도 한다.

제 짐을 방으로 좀 옮겨 주세요.	람 언 쭈엔 하잉 리 렌 퐁 줍 또이. Làm ơn chuyển hành lý lên phòng giúp tôi.
여기 1103호인데요.	더이 라 퐁 소 못 못 콩 바. Đây là phòng số 1103.
수건 좀 더 가져다 주세요.	하이 망 템 칸 쪼 또이. Hãy mang thêm khăn cho tôi.
내일 아침 6시에 모닝콜 좀 부탁 드려요.	상 마이, 람 언 고이 바오 특 쪼 또이 룩 사우 저 상. Sáng mai, làm ơn gọi báo thức cho tôi lúc 6 giờ sáng.
호텔에 공항 셔틀버스가 있나요?	카익 산 나이 꼬 쌔 부잇 디 선 바이 콩 아? Khách sạn này có xe buýt đi sân bay không ạ?
택시 좀 불러주시겠어요?	람 언 고이 줍 또이 딱 시? Làm ơn gọi giúp tôi tắc xi?

에어컨이 고장 난 거 같아요.

🎧 MP3 05-04

호텔 숙박 시 발생하는 여러 문제에 대해서는 호텔 프런트 데스크인 '년 비엔 레 떤 (nhân viên lễ tân)'나 룸 서비스 직원인 '년 비엔 존 퐁(nhân viên dọn phòng)' 에 연락하면 직원의 도움을 받을 수 있다.

핵심
표현

힝느 마이 라잉 비 홍.
Hình như máy lạnh bị hỏng.

TIP

알아두면 좋은 호텔 관련 단어

사잉 **sảnh** 로비	레떤 **Lễ tân** 프론트	퐁 **phòng** 객실
로이 토앗 히엠 **lối thoát hiểm** 비상구	띠엔 닷 곡 / 띠엔 닷 쯔억 **tiền đặt cọc / tiền đặt trước** 보증금	화 던 **hóa đơn** 영수증
뚜 라잉 **tủ lạnh** 냉장고	띠 비 **ti vi** 텔레비전	까이 디에우 키엔 뜨 싸 **cái điều khiển từ xa** 리모콘
디에우 화 **điều hòa** 에어컨	즈엉 **giường** 침대	칸 푸 뎀 / 칸 짜이 즈엉 **khăn phủ đệm / khăn trải giường** 시트
반 짜이 다잉 랑 **bàn chải đánh răng** 칫솔	깸 다잉 랑 **kem đánh răng** 치약	본 꼬우/ 뽄 배 싱 **bồn cầu / bồn vệ sinh** 변기

인터넷이 안 돼요.

인터넷 콩 깻 노이 드억.
Internet không kết nối được.

뜨거운 물이 안 나와요.

콩 꼬 느억 농.
Không có nước nóng.

침대 시트가 더러워요,
바꿔 주세요.

칸 짜이 즈엉 비 번 꽈, 하이 타이 줍 또이.
Khăn trải giường bị bẩn quá, hãy thay
giúp tôi.

변기가 막혔어요.

본 배 싱 비 딱.
Bồn vệ sinh bị tắc.

룸카드를 안 가지고 나왔어요.

또이 데 꾸엔 콰 퐁 어 쫑 퐁.
Tôi để quên khóa phòng ở trong phòng.

바로 사람을 보내도록
하겠습니다.

또이 새 끄 응어이 덴 응아이.
Tôi sẽ cử người đến ngay.

지금 체크아웃 할게요.

🎧 MP3 05-05

베트남 호텔 역시 일반적으로 퇴실 시간이 오전 11시~12시 사이다. 그래도 입실할 때 퇴실 시간을 프런트에서 미리 확인하고, 시간이 지나면 추가 요금이 얼마나 붙는지 미리 확인해 두는 것이 좋다. 또한, 입실 시 냈던 보증금도 돌려받도록 하자.

핵심 표현

또이 무온 짜 퐁 버이 저.
Tôi muốn trả phòng bây giờ.

TIP

체크아웃 하기 전에 다시 한번 확인!

☑ 짐을 급하게 챙기지 말자! 짐은 퇴실 전날 최대한 여유를 갖고 정리하는 게 좋다. 출발하는 당일 아침 짐을 챙기다 보면 빠뜨리는 물건이 생길 수 있으니 말이다.

☐ 빠진 짐은 없는지 다시 한번 확인하자(특히 여권 소지 여부 및 귀중품 등)!

☐ 짐에서 기내 반입이 불가한 물품이 있는지 미리 확인한 후, 캐리어에 넣어 두자.

☐ 공항까지 어떤 교통수단을 이용할지, 시간이 얼마나 걸리는지 다시 한번 확인하자.

미리 체크아웃 해도 될까요?

또이 짜 퐁 쯔억 드억 콩?
Tôi trả phòng trước được không?

좀 늦게 체크아웃 해도 되나요?

또이 짜 퐁 무온 못 쯧 드억 콩?
Tôi trả phòng muộn một chút được
không?

계산서이니,
한번 확인해 주세요.

하이 끼엠 짜 라이, 더이 라 화 던 아.
Hãy kiểm tra lại, đây là hóa đơn ạ.

이건 무슨 요금이죠?

더이 라 띠엔 지?
Đây là tiền gì?

이건 드신 생수 비용입니다.

더이 라 띠엔 느억 뀌 카익 다 우옹 아.
Đây là tiền nước quý khách đã uống ạ.

계산이 잘못된 거 같아요.

힝 느 띵 띠엔 사이 조이.
Hình như tính tiền sai rồi.

✳ 간략한 숙소 정보 ✳

인터컨티넬탈호텔
(Khách sạn Intercontinental)
전화: 024 6270 8888
홈피: www.intercontinental.com

여행자 마다 개인이 생각하는 중요도에 따라 예를 들어 먹는 것과 볼거리에 예산을 많이 쓰기로 했다면 저렴한 숙소를 선택할 것이고, 편안한 잠자리를 제일 중요시 여긴다면, 비싸더라도 좋은 숙소를 선택할 것이다. 숙소는 여행 예산을 짤 때, 항공권 다음으로 비용이 많이 드는 항목이므로 여행 전에 꼼꼼히 숙소를 알아보자.

고급 호텔

숙박료 예산을 높게 잡았다면. 여행에서 또 하나의 추억과 휴식이 될 수 있는 럭셔리 고급 호텔을 선택해 보자. 유스호스텔, 카익 산 미니를 이용하면 가격이 더 저렴하다는 것도 알아 두자.

JW메리어트호텔
(Khách sạn JW Marriott)
전화: 024 3833 5588
홈피: www.marriott.com

힐튼호텔(Khách sạn Hilton)
전화: 024 3933 0500
홈피: www.hilton.com

롯데호텔(Khách sạn Lotte)
전화: 024 3333 1000
홈피: www.lottehotel.com

멜리아호텔(Khách sạn Melia)
전화: 024 3934 3343
홈피: www.melia.com

비즈니스 호텔

숙소, 음식, 관광 어느 것 하나도 포기할 수 없다면, 합리적인 가격과 쾌적한 환경을 제공하는 비즈니스 호텔을 선택해 보자.

하노이 임페리얼호텔(Hanoi Imperial Hotel)
전화: 024 3933 5555

유스호스텔

베트남을 여행하는 다양한 사람들을 만나고 싶다면, 저렴하면서도 실속 있는 유스호스텔을 선택해 보자.

하노이 : 리틀하노이호스텔(Little Hanoi Hostel)
전화: 024 3928 9897
홈피: www.littlehanoihostel.com

호찌민 : 버짓호스텔(Budget Hostel)

예약은 어디에서 하는 게 좋을까?

베트남 호텔이나 호스텔은 전세계 예약사이트에 많이 올라와 있어 쉽게 예약할 수 있다. 베트남 사이트의 경우 chudu나 vntrip 등이 있다.

아고다　　www.agoda.com
부킹닷컴　　www.booking.com
chudu　　　www.chudu24.com
vntrip　　　www.vntrip.vn

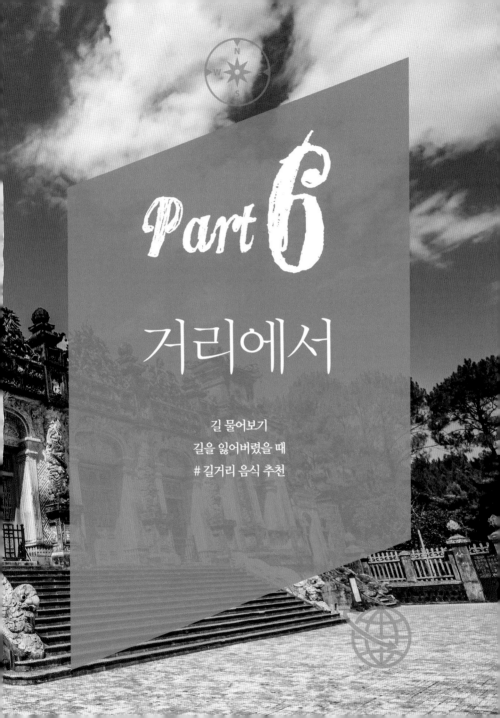

Part 6

거리에서

길 물어보기
길을 잃어버렸을 때
길거리 음식 추천

미딩터미널까지 어떻게 가요?

🎧 MP3 06-01

여행을 하다 보면 지도를 봐도 도무지 가려고 하는 장소를 찾지 못할 때가 있다. 그럴 때 아래 핵심 표현을 사용해 길을 물어보자.

핵심
표현

뜨 더이 덴 벤 쌔 미 딩 디 테 나오?
Từ đây đến bến xe Mỹ Đình đi thế nào?

베트남 간판 미리보기!

베트남에 가기 전에 간판 모양과 주요 단어의 뜻만 파악하고 가면, 길을 찾는데 도움이 된다.

냐 배 싱
nhà vệ sinh
화장실

가 하 노이
ga Hà Nội
하노이 기차역

돈 공 안
đồn công an
경찰서

응언 항
ngân hàng
은행

브우 디엔
bưu điện
우체국

뱅 비엔
bệnh viện
병원

여기로 가고 싶은데요.

또이 무온 디 덴 더이.
Tôi muốn đi đến đây.

이 근처에 화장실이 있나요?

건 더이 꼬 냐 베 싱 콩 아?
Gần đây có nhà vệ sinh không ạ?

있어요,
계속 직진하시면 됩니다.

꼬, 끄 디 탕 라 덴.
Có, cứ đi thẳng là đến.

여기서 가장 가까운 약국은
어디예요?

냐 투옥 건 더이 녓 어 도우 아?
Nhà thuốc gần đây nhất ở đâu ạ?

동물원을 찾고 있는데요.

또이 당 띰 브언 바익 투.
Tôi đang tìm vườn
bách thú.

+PLUS
□ **백화점** 바익 화(bách hóa)
/ 쭝 떰 트엉 마이(trung
tâm thương mại)
□ **박물관**
바오 따앙(bảo tàng)

얼마나 걸리죠?

멋 바오 로우?
Mất bao lâu?

Part 6

여리여새

87

길을 잃었어요.

🎧 MP3 06-02

최근에는 많은 여행객이 길을 찾아 주는 어플을 사용하기 때문에 길을 잃는 경우는 많지 않다. 그러나 현지의 숨은 맛집을 찾아 가거나 가끔은 어플 지도에도 표시되지 않는 곳을 찾아가야 할 때, 아래의 핵심 표현을 사용해 질문해 보자.

핵심
표현

또이 비 락 드엉.
Tôi bị lạc đường.

TIP

방향을 나타내는 표현!

길을 물어봐도 베트남어를 못하면, 알아들을 수 없다. 가기 전에 방향에 관한 표현을 익히고 가자. 그래도 어렵다면 아래 메모장에 약도를 그려달라고 부탁해 보자.

하이 디 탕 hãy đi thẳng 직진하세요.	하이 제 파이 hãy rẽ phải 우회전하세요.	하이 제 짜이 hãy rẽ trái 좌회전하세요.	응아 뜨 ngã tư 사거리

Giấy nhắn

Làm ơn hãy vẽ sơ đồ vào đây. 여기에 약도를 그려 주세요.

이 거리를 뭐라고 부르죠?

드엉 나이 고이 라 지 아?
Đường này gọi là gì ạ?

여기가 어디죠?

더이 라 도우 아?
Đây là đâu ạ?

여기가 어디인지 모르겠어요.

또이 콩 비엣 더이 라 도우.
Tôi không biết đây là đâu.

어디에 가려고요?

아잉 (찌) 딩 디 도우?
Anh (chị) định đi đâu?

짱띠엔서점에 가려고요.

또이 무언 디 후에우 사익 짱 띠엔.
Tôi muốn đi hiệu sách Tràng Tiền.

저를 따라오세요,
안내해 줄게요.

하이 디 태오 또이, 또이 새 흐엉 전.
Hãy đi theo tôi, tôi sẽ hướng dẫn.

✳ 길거리 음식 추천 ✳

베트남 거리를 걷다 보면, 다양한 종류의 음식을 파는 노점들을 발견할 수 있다.
길거리 음식을 먹으며 식당에서는 느낄 수 없는 다양한 맛과 재미를 느껴보자.

반미(Bánh mỳ)

반미는 베트남식 바게트(baguette)를 반으로
가르고 채소 등의 속재료를 넣어 만든 베트남
식 샌드위치를 총칭한다. 베트남 사람들은 물
론 외국인들도 아주 좋아해서 베트남에 오면
꼭 한번 먹어 볼 만한 음식이다.

반짱느엉(Bánh tráng nướng)

반짱느엉은 라이스페이퍼 위에 건새우랑 메추
리알과 소스 등을 올려 구운 다음에 접어서 주
는 음식인데 식감이 좋아서 한번 먹으면 그맛
에 반하다.

쩨후에(Chè huế)

쩨후에는 팥, 콩, 과일, 짭쌀, 토란 등 여러 재료를 활용하여 빙수로 만드는 후식, 간식이다. 값도 싸고 맛과 색깔이 다양해서 베트남인 특히 젊은 계층에게 인기가 많다

반쎄오(Bánh xèo)

반쎄오는 빼놓을 수 없는 베트남 음식이다. 쌀가루 반죽에 각종 채소, 해산물 등을 얹어 반달 모양으로 접어 부쳐낸다. 반쎄오는 지역별로 재료와 먹는 방법, 이름이 조금씩 다르다. 가장 큰 차이는 크기인데, 아주 작은 한입 크기에서부터 여러 명이 나눠 먹을 수 있는 큰 크기까지 있다.

Part 7

식당에서

얼마나 기다려야 하죠?

🎧 MP3 07-01

베트남으로 여행을 가면 정말 볼 것도 먹을 것도 다양한데, 특히 식도락의 즐거움을
빼놓을 수 없다. '아시아의 부엌'이라 불리는 베트남은 음식도 다양하고, 식당에 따라
주문 방법도 조금씩 다르다. 특히 여행객들의 경우 사전에 조사 후, 유명한 식당을 찾
게 되는데 인기가 많은 곳은 예약하지 않으면 가서 기다릴 수 있다. 이때 아래의 핵심
표현을 사용해 식당 종업원에게 질문해 보자.

핵심
표현

파이 더이 바오 러우?

Phải đợi bao lâu?

TIP

식당 예약 연습하기!

여행을 가서 현지 예약은 잘 안 하게 되지만 만약의 경우를 대비해 간단한 표현들을 익혀보자.

> 내일 저녁 6시에 예약을 하고 싶은데요.
> 또이 무언 닷 룩 사우 저 또이 마이.
> Tôi muốn đặt lúc 6 giờ tối mai.

몇 분이세요?
머이 응어이 아?
Mấy người ạ?

> 2명이고, 제 이름은 ○○○입니다.
> 하이 응어이 , 땐 또이 라 ~.
> 2 người, tên tôi là ○○○.

식당에서는 숫자 표현이 어렵다면, 손가락으로 표시해 주자!

예약하셨나요?

다 닷 쯔억 쯔어 아?
Đã đặt trước chưa ạ?

아니요, 자리 있나요?

쯔어, 꼬 쪼 콩?
Chưa, có chỗ không?

정말 죄송하지만,
지금은 자리가 없네요.

젓 씬 로이, 능 버이 저 햇 쪼 조이.
Rất xin lỗi, nhưng bây giờ hết chỗ rồi.

이쪽으로 앉으세요.

머이 응오이 어 쪼 나이 아.
Mời ngồi ở chỗ này ạ.

원하는 곳에 앉으세요.

꼬 테 응오이 쪼 나오 꿍 드억.
Có thể ngồi chỗ nào cũng được.

금연석으로 주세요.

쪼 또이 쪼 껌 훗 투옥.
Cho tôi chỗ cấm hút thuốc.

+PLUS
□ 흡연석 쪼 꼬 테 훗 투옥
(chỗ có thể hút thuốc)

저기요, 주문할게요!

🎧 MP3 07-02

음식 주문은 한국과 마찬가지로 종업원에게 원하는 메뉴를 말하거나 주문서에 체크한 후 전달한다. 베트남어를 못해도 상관없는데, 손가락으로 메뉴판을 가리키며 '까이 나이(cái này 이것)'만 말하면 된다.

핵심
표현

쪼 또이 고이 몬 안!

Cho tôi gọi món ăn!

TIP

러우 (Lẩu) 주문 미리보기!

베트남 여행을 가면 꼭 먹어 보는 대표 음식 중 하나가 '러우(베트남식 샤브샤브)'인데, 한국인 입맛에도 잘 맞아 인기가 있다. 다만 러우를 처음 주문하게 되면, 수많은 재료가 적힌 메뉴판을 보며 난감할 수 있다. 대표적인 재료를 미리 알아보자.

① 탕 종류 선택	② 안에 넣을 재료 추천	③ 찍어 먹을 소스 선택

① 탕 종류 선택

nước lẩu cay:
매운 국물
nước lẩu thường:
하얀 국물(맵지 않음)

육수의 종류도 닭고기, 소고기,
해산물 등 각각 맛이 다르며 정
해져 있는 러우를 선택하면 그냥
알아서 준다.

② 안에 넣을 재료 추천

thịt bò: 쇠고기
thịt gà: 닭고기
cải thảo: 배추
rau muống: 모닝클로리
nấm kim châm: 팽이버섯
váng đậu: 두부피
khoai tây: 감자
tôm: 새우
mỳ tôm: 라면

③ 찍어 먹을 소스 선택

muối chanh:
소금과 라임 소스
tương ớt: 칠리소스
xì dầu: 간장
nước mắm: 멸치액젓

메뉴판 좀 주세요.

쪼 또이 쌤 특 던.
Cho tôi xem thực đơn.

주문하시겠어요?

뀌 비 고이 몬 지 아?
Quý vị gọi món gì ạ?

어떤 음식을 추천하나요?

꼬 테 저이 티에우 쪼 또이 몬 지?
Có thể giới thiệu cho tôi món gì?

가리시는 음식이 있나요?

뀌 비 꼬 안 끼엥 몬 나오 콩 아?
Quý vị có ăn kiêng món nào không ạ?

고수는 넣지 말아 주세요.

씬 등 쪼 저우 텀.
Xin đừng cho rau thơm.

사이콘 맥주 두 병,
차가운 걸로요.

쪼 또이 하이 짜이 비어 싸이 곤 라잉.
Cho tôi 2 chai bia Sài Gòn lạnh.

주문한 음식이 아직 안 나왔어요.

🎧 MP3 07-03

식당에서는 종종 예기치 못한 일이 발생할 수 있는데, 주문한 음식이 안 나오거나 내가 주문했던 음식과 다른 음식이 나올 수 있다. 그럴 때는 당황하지 말고 우선 친근하게 식당 직원을 부르는 말인 '엠 어이(em ơi 동생)!'을 불러 보자. 단, 식당 직원이 젊은 사람일 경우에는 이렇게 부를 수 있지만 나이가 많은 경우에는 '찌 어이(chị ơi 언니)'라고 부르면 된다.

핵심 표현

마이 콩 터이 몬 안 또이 다 고이.
Mãi không thấy món ăn tôi đã gọi.

TIP

베트남의 쌀국수

베트남 쌀국수는 면의 모양과 육수에 따라 명칭이 다르다. PHO는 납작한 면을 말하며, BUN은 우리의 소면보다 통통한 실면을 말한다.

Phở bò(포 보): 쇠고기 쌀국수.
Phở gà(포 까): 닭고기 쌀국수.
Bún bò Huế(분 보 후에): 쇠고기 고명과 생채소를 얹어 먹는 베트남 중부지방 후에 지역의 매운 쌀국수.
Bún chả(분 짜): 새콤달콤하게 맛을 낸 느억맘 국물에 숯불에 구워 낸 돼지고기와 쌀국수를 적셔 먹는 베트남 북부 지방의 대표 음식.
Bún riêu(분 지에우): 꽃게를 우려내 만든 국물을 이용하는데, 베트남인들이 즐겨 먹는 국수 중에 하나.
Hủ tiếu(후 띠에우): 남부지방의 쌀국수.
Hủ tiếu khô(후 띠에우 코): 돼지고기, 새우, 야채 등 여러 재료를 넣어 비벼서 먹는 남부지방의 음식.

이건 제가 주문한 게 아닌데요.

더이 콩 파이 라 까이 또이 다 고이
Đây không phải là cái tôi đã gọi.

저는 볶음밥을 주문했어요.

쪼 또이 껌 장.
Cho tôi cơm rang.

+PLUS
□ **쌀밥** 껌 짱(cơm trắng)
□ **면** 미, 퍼, 분(mỳ, phở, bún)

음식 좀 빨리 가져다
주시겠어요?

꼬 테 망 특 안 덴 냐잉 렌 콩?
Có thể mang thức ăn đến nhanh lên
không?

자리를 저기로 옮겨도 될까요?

또이 꼬 테 도이 상 쪼 끼어 드억 콩?
Tôi có thể đổi sang chỗ kia được không?

육수 좀 더 주세요.

쪼 또이 템 느억 중.
Cho tôi thêm nước dùng.

젓가락 좀 주세요.

쪼 또이 도이 두어.
Cho tôi đôi đũa.

+PLUS
□ **숟가락** 까이 티어(cái thìa)
□ **컵** 까이 꼭(cái cốc)
□ **접시** 까이 디어(cái đĩa)

저기요, 계산해 주세요.

🎧 MP3 07-04

식사 후에는 계산을 해야 하는데, 테이블 종업원을 불러 계산을 요청한다. 식사가 끝나갈 즘에 계산서를 미리 요청하면 여유있게 금액을 확인하고 돈을 준비할 수 있다. 베트남에는 Visa, Master 등 해외 카드로 계산할 수 없는 가게가 아직도 많기 때문에 현금을 준비하는 것이 가장 좋다.

핵심
표현

하이 띵 띠엔 쪼 또이.
Hãy tính tiền cho tôi.

TIP

베트남의 스마트 결제 서비스 Zalo Pay

베트남에는 카카오톡과 같은 메신저로 ZALO가 있는데 이곳에서 제공하는 스마트 결제서비스 Zalo Pay 는 베트남 젊은이들 사이에서 단연 인기이다.

하지만 베트남은 아직 이러한 스마트 결제 서비스가 크게 발달되지는 않아서 주로는 현금이나 카드로 결제하며, 카드도 마트나 큰 식당, 호텔 등만 가능하고 작은 가게는 안 되는 곳이 많다.

전부 얼마죠?

떳 까 햇 바오 니에우?
Tất cả hết bao nhiêu?

계산은 제가 할게요.

또이 새 타잉 또안.
Tôi sẽ thanh toán.

거스름돈을 잘못 줬어요.

또이 다 드어 념 띠엔 트어.
Tôi đã đưa nhầm tiền thừa.

거스름 돈은 안 주셔도 돼요.

콩 껀 짜 라이 띠엔 트어 도우.
Không cần trả lại tiền thừa đâu.

영수증 주세요.

쪼 또이 화 던.
Cho tôi hóa đơn.

이 금액은 뭐죠?

쏘 띠엔 나이 라 테 나오?
Số tiền này là thế nào?

3번 세트로 1개 주세요.

🎧 MP3 07-05

베트남에서 패스트푸드는 '도안 나잉(đồ ăn nhan)'이라 하는데, 남녀노소를 막론하고 인기를 끌고 있다. 베트남으로 여행을 오면 다양한 먹거리에 재미를 느끼기도 하지만, 다소 강한 맛에 먹기 어려워하는 사람들도 많다. 이럴 경우에는 전 세계 어디서든 비슷한 맛을 내는 패스트푸드 체인점에 가보는 것도 좋은 방법이다. 거리를 걷다 보면 한국에서 봤던 익숙한 간판들이 눈에 띄는데, 주문 방식도 한국과 차이가 거의 없다. 번호와 세트 메뉴인 '셋 소 바(set số 3)'를 말하면 된다.

핵심
표현

쪼 또이 못 셋 소 바.
Cho tôi 1 set số 3.

TIP

패스트푸드 체인점 미리 보기

베트남에도 세계적으로 유명한 패스트푸드 체인점들이 진출해 있는데, 그 중 대표적인 몇 가지를 알아보자.

KFC
KFC

롯데리아
Loteria

버거킹
Burger King

맥도날드
Mac do nal

졸리비
Zô li bi
Jollibee

이 중 롯데리아는 현지화에
성공한 패스트푸드
체인점으로 꼽힌다.

빅맥 세트 1개 주세요.

쪼 또이 못 셋 빅 막.
Cho tôi 1 set Big Mac.

음료는 뭐로 하시겠어요?

중 도 우옹 지 아?
Dùng đồ uống gì ạ?

사이다로 주세요.

쪼 또이 소 다.
Cho tôi sô đa.

콜라 대신 오렌지 주스로
바꿀 수 있나요?

도이 뜨 꼬까 꼬라 상 느억 깜 드억 콩?
Đổi từ cô ca cô la sang nước cam được
không?

여기서 드실 거예요,
가지고 가실 거예요

안 어 더이 하이 망 배 아?
Ăn ở đây hay mang về ạ?

여기서 먹을게요.

또이 안 어 더이.
Tôi ăn ở đây.

아이스 아메리카노 한 잔 주세요.

MP3 07-06

베트남은 프랑스 문화의 영향으로 커피 문화가 아주 발달해 있다. 베트남 어디를 가도 커피숍을 흔히 볼 수 있는데 베트남 전통 커피숍은 물론 외국 커피 체인점들도 많이 들어와 있다. 베트남에 갔다면 전통 베트남커피를 한 번쯤 마셔봐도 좋다.

핵심
표현

쪼 또이 못 꼭 아메리카 다.
Cho tôi 1 cốc Americano đá.

TIP

베트남 커피 미리보기!

베트남은 일찍부터 특이한 커피 문화가 형성되어 있어 한국과는 조금 다르다. 베트남커피는 보통 필더에 내려 먹는데 블랙으로 먹거나 진한 커피에 달콤한 연유를 탄 연유커피를 마신다. 여기에서 더 나아가 여러 가지 레시피로 만든 다양한 커피가 있는데, 그 중 에그커피나 코코넛커피 등이 많이 알려져 있다.

까페 덴
cà phê đen
블랙커피

까페 덴다
cà phê đen đá
아이스 블랙커피

까페 스어
cà phê sữa
연유커피

까페 쯩
cà phê trứng
에그커피

까페 즈어
cà phê dừa
코코넛커피

따뜻한 초콜릿 한 잔 주세요.

쪼 또이 못 리 소 코 라 농.
Cho tôi 1 ly sô cô la nóng.

어떤 사이즈로 드릴까요?

꼭 또 하이 뇨 아?
Cốc to hay nhỏ ạ?

중간 사이즈로 주세요.

쪼 또이 꺼 쭝 빙.
Cho tôi cỡ trung bình.

뜨거운 물 좀 더 주세요.

쪼 또이 템 느억 농.
Cho tôi thêm nước nóng.

+PLUS
□ 얼음 다(đá)

치즈케이크 한 조각 주세요.

쪼 또이 못 미엥 바잉 포 맛.
Cho tôi 1 miếng bánh pho mát.

빨대는 어디 있나요?

옹 훗 어 도우 아?
Ống hút ở đâu ạ?

Part 7

식음에서

하노이 생맥주 한 잔 주세요.

🎧 MP3 07-07

베트남 사람들은 서로 술을 권하며 보통 첫 잔은 '잔을 다 비우는 것(cạn chén, cạn ly nào)'을 하는 경우가 많다. 그리고 한국과는 달리 술잔을 비우지 않은 상태에서도 첨잔을 하므로 굳이 잔을 다 비우려 애쓰지 않아도 된다. 대부분은 맥주를 즐겨 마시지만, 베트남 전통주도 유명하다. 베트남 전통주는 알코올 농도가 보통 30~45℃으로 한국 술보다 독하기 때문에 과하게 마시지 않는 것이 좋다.

**핵심
표현**

쪼 또이 못 꼭 비어 하노이.
Cho tôi một cốc bia Hà Nội.

 TIP

베트남의 술 종류!

베트남 술 하면 많은 분들이 '넵머이'나 '하노이보드카'를 떠올린다. 하지만 베트남은 기나긴 땅만큼 다양한 종류의 술이 있는데, 특히 한국인에게 인기가 좋고 마시기 좋은 술을 알아 보자.

비어 사이공
Bia Sài Gòn
사이공 맥주

비어 타이거
Bia Tiger
타이거 맥주

비어 하노이
Bia Hà Nội
하노이 맥주
하노이를
대표하는 맥주

즈어우 넵 머이
Rượu nếp mới
넵머이주

보트카 하노이
Vodka Hà Nội
하노이 보드카

맨 보드카
rượu men vodka
맨 보드카

베트남 사람들이 즐겨 찾는 술로
40도이다.

무엇을 마시겠습니까?

꾀 카익 중 지 아?
Quý khách dùng gì ạ?

맥주 한 병 주세요.

쪼 또이 못 짜이 비어.
Cho tôi 1 chai bia.

+PLUS
□ **칵테일** 꼭 따이(cốc tai)
□ **와인** 즈어우 방 (rượu vang)
□ **위스키** 즈어우 윗스키
(rượu Whisky)

병따개는 어디 있죠?

까이 머 납 짜이 어 도우?
Cái mở nắp chai ở đâu?

이 술은 몇 도나 되나요?

즈어우 나이 바오 니에우 도?
Rượu này bao nhiêu độ?

위스키에 얼음을
넣어서 주세요.

하이 쪼 다 바오 즈어우 윗스키.
Hãy cho đá vào rượu wishky.

한 병 더 주세요.

쪼 또이 템 못 짜이.
Cho tôi thêm 1 chai.

✲ 메뉴판 첫걸음 ✲

처음 베트남에 가서 메뉴판을 펼쳐보면 사진이 있지 않는 이상 읽히지 않는 베트남어에 당황해 아무거나 시키기 일쑤다. 하지만 이제 걱정은 그만! 무슨 요리인지 몰라도 메뉴판에 있는 베트남어만으로 재료나 조리법을 예상할 수 있다.

Mission 01 – 음식 종류 선택하기!

껌 cơm 밥	미엔 미 퍼 분 miến, mỳ, phở, bún 면	까잉 canh 탕	짜오 cháo 죽	

Mission 02 – 요리 재료 선택하기!

팃 보 thịt bò 소고기	팃 런 thịt lợn 돼지고기	팃 가 thịt gà 닭고기	팃 빗 thịt vịt 오리고기	까 cá 생선	쯩 trứng 계란	쑥 씩 xúc xích 소세지

호찌민: 팃 해우(thịt heo)

Mission 03 – 조리법 선택하기!

장 싸오 rang, xào 볶음	잔 찌엔 rán, chiên 튀김	느엉 nướng 직화구이	잔 rán (전 등을) 기름에 부치는 것
짐 rim 조림	헙 hấp 찜	너우 nấu 끓여서 익히는 것	쫀 trộn 무침, 버무림

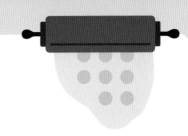

✚ 맛을 표현할 때는 이렇게!

쭈어 **Chua** 시다	응옷 **Ngọt** 달다	만 **Mặn** 짜다	까이 **Cay** 맵다

한국인에 입맛에 맞는 베트남 요리 추천 Best 5!

① 분짜(Bún chả)
새콤달콤하게 맛을 낸 차가운 느억맘 국물에 숯불에 구워낸 돼지고기와 쌀
국수를 적셔 먹는 베트남 북부 하노이 지역의 대표 음식이다.

② 껌장하이산(cơm rang hải sản)
베트남식 해산물 볶음밥이다.

③ 껌스언(cơm sườn)
갈비를 숯불에 구워 밥과 함께 먹는 남부 호찌민 지역의 대표
음식이다.

④ 분보후에(Bún bò Huế)
쇠고기 고명과 생채소를 얹어 먹는 베트남 중부에 있는 후에 지역
의 매운 쌀국수 요리이다.

⑤ 짜까라봉(Chả cá Lã Vọng)
민물고기를 양념에 재워 각종 허브, 채소와 함께 볶은 베트남 하노이의 생선
요리이다.

CHỦ TỊCH HỒ CHÍ MINH
(1890 - 1969)

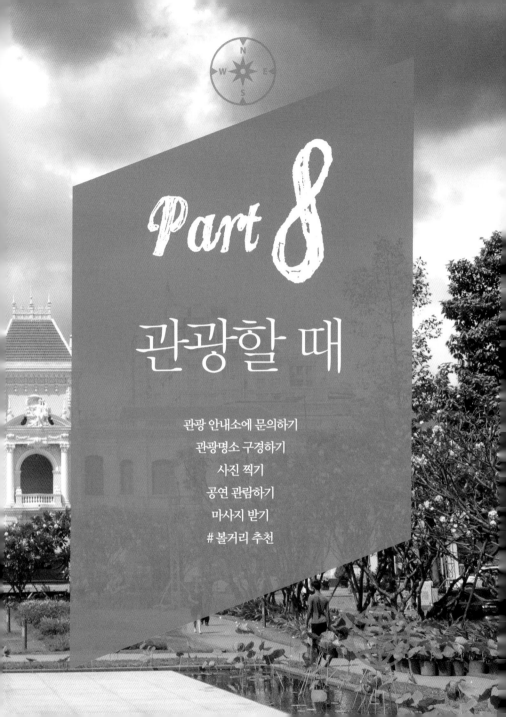

Part 8

관광할 때

관광 안내소는 어디에 있나요?

🎧 MP3 08-01

관광 안내소는 관광도시나 관광지역 공항에서 공공 관광 안내소를 찾아볼 수 있으며, 여행사나 호텔에서 운영하는 관광 안내소도 많다. 무료로 관광 안내서를 제공할 뿐만 아니라 관광 상품 판매, 교통 노선 정보 제공, 숙박 예약 및 식당 추천까지 여행객들을 위한 다양한 서비스를 제공하고 있다. 여행 전 관광 계획을 제대로 세우지 못했거나 교통편을 잘 모를 경우, 관광 안내소를 이용하면 편리하다.

**핵심
표현**

꾸어이 흐엉 전 주 릭 어 도우 아?
Quầy hướng dẫn du lịch ở đâu ạ?

TIP

관광하기 전 주의 사항!

• 단체 여행 시에는 개인 행동을 삼가고, 길을 잃지 않게 가이드의 말에 귀 기울여야 한다.
• 현금은 분산시켜서 휴대하고 다니는 것이 비교적 안전하고, 소매치기에 주의하자.
• 지갑이나 여권, 카메라, 휴대폰 등의 귀중품은 알아서 잘 관리하자.

112

관광 지도를 한 장 주세요.

쪼 또이 못 떠 반 도 주 릭.
Cho tôi 1 tờ bản đồ du lịch.

한국어로 된 여행 가이드북
있나요?

꼬 소 따이 흐엉 전 주 릭 방 띠엥 한 꾸옥 콩?
Có sổ tay hướng dẫn du lịch bằng tiếng
Hàn Quốc không?

가볼만한 곳을 추천해
주시겠어요?

하이 저이 티에우 쪼 또이 능 너이 당 탐 관 주 릭?
Hãy giới thiệu cho tôi những nơi đáng
tham quan du lịch?

여기서 걸어서 갈 수 있나요?

뜨 더이 또이 꼬 테 디 보 덴 도 드억 콩?
Từ đây tôi có thể đi bộ đến đó được
không?

왕복으로 얼마나 걸리나요?

디 바 배 멋 바오 로우?
Đi và về mất bao lâu?

시내 투어를 신청하고
싶은데요.

또이 무언 당 끼 뚜어 탐 관 노이 타잉.
Tôi muốn đăng ký tua tham quan nội
thành.

관광명소 구경하기

입장권은 어디에서 사요?

🎧 MP3 08-02

관광에 나서기 전, 문화유적지나 박물관, 기념관, 극장 등의 쉬는 날과 개관, 폐관 시간을 미리 알아 두어 일정에 차질이 없도록 하자. 베트남 관광지는 입장료가 지역마다 다르지만, 공공의 문화·역사 유적지는 싼 편으로 보통 4, 5만 동(원화 약 2000원 ~2500원) 정도이고 케이블카나 사파리 등과 같은 놀이공원의 시설 이용료는 한국 못지 않게 비싼 편이다. 그리고 관광지별로 외국인과 내국인 입장료가 다른 경우도 있으니 주의하자.

**핵심
표현**

무어 배 어 도우?
Mua vé ở đâu?

TIP

초간단 대표 관광명소 추천

• 하노이: 호찌민 생묘, 문묘국자감, 민속학박물관, 여성박물관, 호아로수용소, 하노이 서호, 호안끼엠호수, 탕롱왕궁
• 호찌민: 베트남통일궁, 전쟁증적박물관, 꾸치터널, 대성당, 중앙우체국, 벤탄시장

호찌민 생묘

호안끼엠호수

탕롱왕궁

통일궁

입장권은 얼마예요?

배 바오 꽁 (/ 배 탕 까잉) 바오 니에우 띠엔?
Vé vào cổng (/ vé thắng cảnh) bao nhiêu tiền?

이 박물관은 입장권을
사야 하나요?

바오 바오 땅 나이 꼬 껀 무어 배 콩?
Vào bảo tàng này có cần mua vé không?

학생 할인 되나요?

혹 싱 꼬 드억 잠 자 콩?
Học sinh có được giảm giá không?

폐관은 몇 시에 하나요?

머이 저 동 끄어?
Mấy giờ đóng cửa?

팸플릿이 있나요?

꼬 떠 저이 꽝 까우 콩?
Có tờ rơi quảng cáo không?

기념품을 파는 곳이 있나요?

꼬 너이 반 도 르우 니엠 콩?
Có nơi bán đồ lưu niệm không?

사진 좀 찍어 주시겠어요?

🎧 MP3 08-03

관광지에 가면 사진은 필수! 혼자 여행 중이라 사진 찍기 난감한 경우나 같이 간 일행과 다 같이 사진을 찍고 싶을 때, 아래 핵심 표현을 사용해 사진 촬영을 요청해 보자.

핵심
표현

람 언 쭙 아잉 줍 또이 ?
Làm ơn chụp ảnh giúp tôi?

호찌민에서는 '줍 히잉(chụp hình)'이라고 말한다.

TIP **각종 주의 표지 알고 가기**

KHÔNG PHẬN SỰ
MIỄN VÀO

A-042

껌 바오
cấm vào
출입 금지

껌 훗 투옥
cấm hút thuốc
흡연 금지

껌 줍 히잉
cấm chụp hình
사진 촬영 금지

껌 서 바오 히엔 벗
cấm sờ vào hiện vật
손대지 마세요

116

여기서 사진 찍어도 되나요?

어 더이 꼬 쭙 아잉 드억 콩 아?
Ở đây có chụp ảnh được không ạ?

여기는 촬영 금지 구역입니다.

더이 라 너이 껌 꽈이 핌.
Đây là nơi cấm quay phim.

제가 사진 찍어 드릴까요?

데 또이 쭙 아잉 즙 네?
Để tôi chụp ảnh giúp nhé?

이 버튼을 누르면 돼요.

범 바우 눗 나이 라 드억.
Bấm vào nút này là được.

하나, 둘, 셋, 치즈!

못, 하이, 바, 끄어이 뜨어이 나오!
Một, hai, ba, cười tươi nào!

+PLUS
'cười tươi'는 '웃으
세요'라는 뜻인데, 한
국에서 사진을 찍을 때
'김치~'라고 하는 표현
과 같다.

한 장 더 찍어 주세요.

하이 쭙 템 쪼 또이 못 끼에우 드억 콩?
Hãy chụp thêm cho tôi 1 kiểu được
không?

공연 관람하기

내일 저녁 공연 표를 사고 싶은데요.

🎧 MP3 08-04

베트남에 가면 다양한 볼거리가 많은데, 그 중에 가장 인기 있는 공연은 수상인형극이다. 공연을 관람을 계획했다면, 여행 일정을 짤 때 공연 일정을 미리 확인해 예약하는 것이 좋다. 예약 후에 가면 원하는 좌석에 앉을 수 있다. 하지만 부득이한 사정으로 예약하지 못 했다면, 아래 핵심 표현을 사용해 표를 구매해 보자.

핵심 표현

또이 무온 무어 배 쌤 비에우 지엔 또이 마이.

Tôi muốn mua vé xem biểu diễn tối mai.

 TIP

한국 회사가 지은 하노이의 고층 건물

하노이 랜드마크 72
72층 복합빌딩 1개와 48층 주상복합 2개 동으로 구성된 하노이 최고층 빌딩으로 경남기업이 건설했다.

하노이롯데센터
롯데의 해외 첫 초고층 복합빌딩으로 2014년 9월 개장하였으며 지하 5층, 지상 65층, 높이 272m 초고층 건물. 65층에 전망대 (OBSERVATION DECK)에서 하노이 전체를 볼 수 있다.

오늘 밤에 상연하는 것은 뭐죠?

뎀 나이 꼬 비에우 지엔 지?
Đêm nay có biểu diễn gì?

무대와 가까운 좌석으로 주세요.

하이 쪼 또이 쪼 건 선 코우.
Hãy cho tôi chỗ gần sân khấu.

전부 매진됐습니다.

반 헷 배 조이 아.
Bán hết vé rồi ạ.

영어 자막이 나오나요?

꼬 푸 데 띠엥 아잉 콩?
Có phụ đề tiếng Anh không?

공연 시간은 얼마나 되나요?

비에우 지엔 쫑 바오 로우?
Biểu diễn trong bao lâu?

공연 관람 시
휴대 전화는 꺼 주십시오.

쫑 룩 비에우 지엔 데 응이 땃 디엔 토아이.
Trong lúc biểu diễn đề nghị tắt điện
thoại.

마사지 받기

발 마사지를 받고 싶어요.

🎧 MP3 08-05

여행에 녹초가 된 피로를 푸는 데, 마사지만큼 좋은 방법도 없다. 하노이, 호찌민을 비롯한 유명 관광 도시에는 마사지샵이 많이 있는데, 여행 정보 사이트에서 쉽게 찾을 수 있다. 가격은 일반 마사지 250,000동부터 특별 마사지 800,000동 정도이며, 여기에 약간의 팁을 주는 것이 보통이다.

핵심
표현

또이 무온 디 맛 싸 쩐.

Tôi muốn đi mát xa chân.

TIP

재미로 보는 발 지압점

발 마사지를 받는데 유난히 아픈 곳이 있다면 아래 발 지압점 그림을 보고 자신의 상태를 체크해 보자!

① 머리 부위 도우 đầu
② 코 무이 Mũi
③ 목 꼬 cổ
④ 눈 맛 mắt
⑤ 귀 따이 tai
⑥ 폐 포이 phổi, 기관지 키 관 khí quản
⑦ 어깨 바이 vai
⑧ 심장 띰 Tim
⑨ 간 간 gan
⑩ 소장 주엇 논 ruột non
⑪ 신장 턴 thận

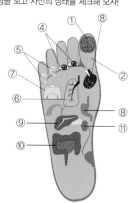

이 근처에 마사지샵이 있나요?

건 더이 꼬 히에우 맛 싸 나오 콩?
Gần đây có hiệu mát xa nào không?

양말을 벗어 주세요.

하이 꺼이 떳 자.
Hãy cởi tất ra.

이 정도 세기는 괜찮으세요?

맛 싸 테 나이 꼬 두 마잉 콩?
Mát xa thế này có đủ mạnh không?

좀 더 세게 해주세요.

하이 람 마잉 따이 헌.
Hãy làm mạnh tay hơn.

+PLUS
□ **약하게** 람 네 따이
(làm nhẹ tay)

아파요.

다우 꽈!
Đau quá!

+PLUS
□ **편안하다** 제 찌우(dễ chịu)

거기는 하지 말아 주세요.

람 언 등 맛 싸 어 쪼 도.
Làm ơn, đừng mát xa ở chỗ đó.

* 볼거리 추천 *

아오쇼와 이오나쇼

베트남 지역마다 대표 공연이 있는데, 외국인 관광객들에게 알려진 공연은 수상인형극, 그 외에 하노이에는 마이빌리지쇼(My Village show)나 이오나쇼(Ionah show)가 있고, 호찌민에는 아오쇼(Ao show), 더미스트쇼(The Mist) 그리고 테다쇼(Tehdah show) 등이 있다.

이오나쇼는 베트남의 최초 종합 엔터테인먼트 예술 프로그램이다. 서커스를 바탕으로 하여 춤, 연기 등 다양한 장르의 예술이 환상적인 무대 효과, 3D 효과와 함께 조화롭게 구성되어 있다. 이오나쇼는 베트남의 '태양의 서커스'라고 불릴 정도로 국제적으로 높은 평가를 받고 있다.

아오쇼는 베트남의 일상에서 흔히 쓰이는 대나무, 바구니 등 베트남의 토속적인 물건들로 연출되는 공연이다. 베트남의 문화를 가장 잘 살린 공연, 그리고 배우들의 뛰어난 퍼포먼스가 이 공연이 주목받게 된 가장 큰 이유이다. 베트남어를 잘 알지 못해도 쉽게 이해할 수 있는 공연의 구성과 배우들의 격정적인 제스처, 몸짓 그리고 아름다운 무대연출이 공연하는 60분 내내 관객들에게 즐거움과 평온함, 감동과 놀라움을 느끼게 한다.

수상인형극

수상인형극 인형의 베트남 이름은 '무어 조이 느억(Múa Rối Nước)'이다. '물에서 춤추는 인형들'이란 뜻이다. 인형의 발 아랫부분은 물속에 있고, 발 윗부분은 물 위에 나와 있는 특이한 형태의 공연이다. 인형이 물에 떠서 펼치는 공연인 셈이다.

수상인형극들의 장면은 보통 1~7분 사이로 짧고 이 장면들이 모여 극을 이룬다. 농부들이 논밭에서 쟁기질을 하는 모습, 또 어부들이 물고기를 잡는 모습과 자잘한 소동들, '신성한 네 동물들'이라 여기는 금빛 거북이와 용과 유니콘과 불사조의 춤, 사자의 공 싸움, 레슬링, 경마, 가마 운반, 오리를 지켜주려는 노부부의 몸짓……. 이런 풍경들이 현실과 환상을 넘나들며 펼쳐진다. 수상인형극을 보려면 탕롱 수상인형극장에 가면 된다. 수상인형극장은 365일 일년 내내 공연이 있으며 일년에 700회 공연할 정도로 관람객에게 인기가 많다.

Part 9

쇼핑할 때

중응웬 커피숍은 몇 층이에요?

🎧 MP3 09-01

하노이, 호찌민시 같은 대도시에서의 쇼핑은 사실 한국과 큰 차이가 없다. 특히 쇼핑몰이나 백화점은 한국과 마찬가지로 세일 기간이 아니면 정찰제이기 때문에 가격 흥정은 이루어지지 않는다. 단, 외국 관광객을 상대로 하는 기념품 상점의 물건 가격은 실제 가격보다 매우 높게 책정되어 있으므로 부른 가격의 반 또는 심지어 50%까지 흥정해도 어렵지 않게 살 수 있는 경우도 있다.

핵심
표현

꽌 까 페 쯩 응웬 어 떵 머이?
Quán cà phê Trung Nguyên ở tầng mấy?

매장 미리보기

베트남에 입점해 있는 해외 브랜드의 경우, 한국보다 값이 더 비싼 경우가 많다.

의류, 신발	나이 키 Nai ki 나이키	아지다쓰 A di das 아디다스	우니퀴 로 Uniqui lo 유니클로	자라 zala 자라
전자	삼 숭 Samsung 삼성		앱포 Apple 애플	

무엇을 도와드릴까요?

꿰 비 껀 지 아?
Quý vị cần gì ạ?

엘리베이터는 어디에 있죠?

탕 마이 어 도우 아?
Thang máy ở đâu ạ?

기념품을 찾고 있는데요.

또이 무온 띰 도 르우 니엠.
Tôi muốn tìm đồ lưu niệm.

차(tea)는 어디서 살 수 있죠?

꼬 테 무어 짜 어 도우 아?
Có thể mua trà ở đâu ạ?

유모차를 빌릴 수 있나요?

쪼 또이 므언 쌔 더이 째 엠 드억 콩?
Cho tôi mượn xe đẩy trẻ em được
không?

몇 시에 문을 닫나요?

머이 저 동 끄어?
Mấy giờ đóng cửa?

입어 봐도 돼요?

🎧 MP3 09-02

대도시의 쇼핑 핫플레이스를 살펴보면, 하노이의 로얄시티 쇼핑몰, 애온몰마트, 빈콤 백화점이나 호찌민의 빈콤센터, 사이공스퀘어, 다이아먼트 플라자 등이 있다. 이곳은 백화점이나 종합쇼핑몰 형태로 구성되어 있어, 쇼핑은 물론 영화 관람이나 놀이시설 도 즐길 수 있다.

핵심
표현

또이 막 트 드억 콩?

Tôi mặc thử được không?

TIP 다양한 색깔

마우 도
màu đỏ
빨간색

마우 자 깜
màu da cam
주황색

마우 방
màu vàng
노란색

미우 싸잉 라 꺼이
màu xanh
lá cây
초록색

마우 싸잉 람
màu xanh
lam
파란색

마우 띰
màu tím
보라색

마우 홍
màu hồng
분홍색

마우 짱
màu trắng
흰색

마우 덴
màu đen
검은색

마우 쌈
màu xám
회색

마우 배
màu be
베이지색

마우 노우
màu nâu
갈색

원피스를 사려고 하는데요.

또이 무언 무어 바이 덤.
Tôi muốn mua váy đầm.

+PLUS
□ **셔츠** 아오 서미(áo sơ mi)
□ **바지** 꾸언(quần)
□ **치마** 전 바이(chân váy)

다른 색상은 없나요?

꼬 마우 칵 콩?
Có màu khác không?

사이즈가 어떻게 되세요?

끽 꺼 테 나오 아?
Kích cỡ thế nào ạ?

S 사이즈로 주세요.

쪼 또이 까이 꺼 엣.
Cho tôi cái cỡ S.

+PLUS
□ **M 사이즈** 꺼 엠(cỡ M)
□ **L 사이즈** 꺼 엘(cỡ L)

탈의실은 어디예요?

퐁 트 도 어 도우 아?
Phòng thử đồ ở đâu ạ?

너무 꽉 껴요.

쩟 꽈.
Chật quá.

+PLUS
□ **크다** 또(to)
□ **길다** 자이(dài)
□ **짧다** 응안(ngắn)
□ **딱 맞아요!** 브어 람! (Vừa lắm!)

검은색 샌들을 찾고 있어요.

🎧 MP3 09-03

SHOP

많은 여행객이 베트남에서 신발을 살 때 한국과는 다른 사이즈 표시 때문에 당황스러워 한다. 물론 베트남에서도 한국처럼 240mm, 250mm 등의 치수 표기를 사용하는 경우도 있지만, 0호, 1호 등의 호수로 표기하는 것이 더 보편적이다. 호수는 0호부터 시작하며, 0호는 50mm인데 1호마다 5mm씩 더해진다. 내 발치수가 235라면 37호, 270이라면 44호이다.(발치수×2÷10-10)

핵심 표현

또이 당 띰 도이 쌍 단 마우 댄.

Tôi đang tìm đôi xăng đan màu đen.

TIP 다양한 신발

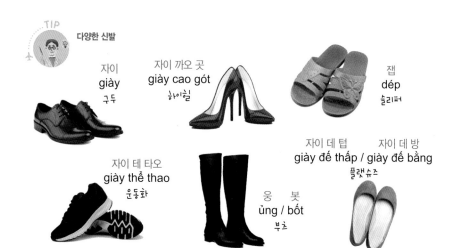

자이
giày
구두

자이 까오 곳
giày cao gót
하이힐

잽
dép
슬리퍼

자이 데 텁 / 자이 데 방
giày đế thấp / giày đế bằng
플랫슈즈

자이 테 타오
giày thể thao
운동화

웅 봇
ủng / bốt
부츠

사이즈가 어떻게 되세요?

끽 꺼 테 나오 아?
Kích cỡ thế nào ạ?

37호요.

꺼 바 버이.
Cỡ 37.

+PLUS
□ 36호 = 230mm
□ 37호 = 235mm
□ 38호 = 240mm

앞쪽이 좀 껴요.

무이 자이 허이 쩟.
Mũi giày hơi chật.

굽이 너무 높네요.

곳 허이 까오.
Gót hơi cao.

저 신발 좀 보여 주세요.

쪼 또이 쌤 도이 자이 끼어 못 쭛.
Cho tôi xem đôi giày kia một chút.

어떤 게 더 낫나요?

도이 나오 헌?
Đôi nào hơn.

망고 어떻게 팔아요?

🎧 MP3 09-04

외국에 나가서 시장에 가 보면 그 나라의 정취를 느낄 수 있는데, 요즘엔 시장보다는 쇼핑몰을 더 선호하는 추세이다. 하지만 베트남 시장에 가면 시장 특유의 정겨움과 활기가 가득할 뿐만 아니라 시장 사람들과 흥정하는 재미도 있다. 그래도 시장이 불편하다면, Big C나 Aeon 같은 대형 마트를 이용하면 된다. 한국 마트와 비슷해 장보기가 쉽다.

핵심 표현

쏘아이 반 테 나오?
Xoài bán thế nào?

TIP

다양한 과일

베트남은 과일의 천국이라 해도 과언이 아닐 정도로 다양한 과일이 난다. 이런 과일은 저울에 달아 판다. 예를 들어 계산원이 '못 건 바 므어이 응안(một cân 30 ngàn)'이라고 했다면, 1kg에 30,000동이란 뜻이다. 베트남에서는 1kg을 '1근'이라고 한다. 잘 못 알아 듣겠다면, 저울에 표시된 숫자를 살펴 보자.

깜
cam
오렌지

쭈오이
chuối
바나나

망꿋
măng cụt
망고스틴

쫌 쫌
chôm chôm
람부탄

짜잉 레오
chanh leo
패션프루트

즈어
dứa
파인애플

쇼핑 카트는 어디에 있어요?

쌔 더이 항 어 도우 아?
Xe đẩy hàng ở đâu ạ?

이 오렌지 달아요?

깜 나이 꼬 응옷 콩?
Cam này có ngọt không?

맛봐도 되나요?

또이 안 트 드억 콩?
Tôi ăn thử được không?

껍질은 벗겨서 주세요.

하이 복 보 줍 또이.
Hãy bóc vỏ giúp tôi.

+PLUS
파인애플이나 두리안 같은
과일은 요청하면 껍질을
벗겨서 준다.

많이 사면 할인해 주나요?

무어 니에우 꼬 드억 잠 자 콩?
Mua nhiều có được giảm giá không?

덤으로 몇 개 더 주세요.

쿠엔 마이 템 머이 꽈.
Khuyến mại thêm mấy quả.

Part 9

쇼핑할 때

좀 싸게 해 주세요.

🎧 MP3 09-05

베트남 백화점이나 쇼핑몰은 정찰제로 가격 흥정이 안 되지만, 시장이나 기념품 가게 등에서는 흥정을 해볼만 하다. 특히 외국인이다 싶으면 가격을 마구 올려 부르는데, 부르는대로 값을 지불하는 실수를 지르지 말자. 흥정을 했음에도 불구하고 더 싼 값에 파는 곳도 있으므로 베트남에서 물건을 구매할 때는 반드시 세 곳 이상의 가격을 비교해 본 뒤에 사도록 하자.

핵심
표현

하이 잠 자 쪼 또이.   하이 벋 쪼 또이.

Hãy giảm giá cho tôi. / Hãy bớt cho tôi.

TIP

베트남의 할인 표기법

할인, 세일을 베트남어로 '잠자(giảm giá)', 매매 권장(khuyến mại)라고 하는데, 숫자 뒤에 %를 붙여 할인율을 표시한다. 여기서 여행객들이 오해를 하게 되는데, 예를 들어 giảm giá 30%는 '정가의 30% 가격에 판매한다'는 뜻이 아니라 '30% 할인을 해준다'는 뜻이다.

이걸로 주세요.

쪼 또이 까이 나이.
Cho tôi cái này.

하나에 얼마예요?

바오 니에우 띠엔 못 까이?
Bao nhiêu tiền một cái?

너무 비싼데,
30,000동 어때요?

닷 꽈, 바 므어이 응안 동 드억 콩?
Đắt quá, 30 ngàn đồng được không?

지금 40% 할인 중입니다.

버이 저 당 잠 자 본 므어이 펀 짬.
Bây giờ đang giảm giá 40%.

포장해 주세요.

하이 고이 쪼 또이.
Hãy gói cho tôi.

봉투 하나 더 주세요.

쪼 또이 템 못 까이 뚜이.
Cho tôi thêm một cái túi.

반품하려고 하는데요.

🎧 MP3 09-06

쇼핑을 끝낸 후, 숙소에 돌아와서 그날 구매했던 상품을 다시 살펴볼 것이다. 이때 상품에 흠집이나 얼룩을 발견할 수도 있고, 전자제품의 경우에는 제대로 작동이 안 될 수도 있다. 이럴 경우 교환이나 환불을 해야 하는데, 한국과 마찬가지로 영수증이 꼭 필요하다. 계산 시 영수증을 꼭 받아두고, 교환이나 환불하러 갈 때는 반드시 영수증을 지참하자.

핵심
표현

또이 무언 짜 라이.
Tôi muốn trả lại.

TIP

전자제품 A/S 받기

베트남에서 전자제품을 구매할 때는 대형마트나 무역센터에서 사는 것이 비교적 안전하다. 베트남 국가 규정에 따라 소비자가 제품을 구입한 날부터 7일 이내에는 소비자가 요구하면 공급자는 환불, 교환, 수리를 해 주어야 한다. 이때 증빙이 되는 것이 영수증이므로 소비자는 A/S가 되는 곳에서 정품을 구입하고, 구입 영수증과 A/S 보증서를 반드시 챙겨두는 것이 좋다.

이거 교환할 수 있나요?

꼬 도이 까이 나이 드억 콩?
Có đổi cái này được không?

무슨 문제가 있나요?

꼬 번 데 지 테?
Có vấn đề gì thế?

다른 사이즈로 바꿔 주세요.

하이 도이 쪼 또이 꺼 칵.
Hãy đổi cho tôi cỡ khác.

이거 고장 났어요.

까이 나이 비 홍 조이.
Cái này bị hỏng rồi.

언제 구입하셨습니까?

뭐 뜨 키 나오?
Mua từ khi nào?

영수증 가져오셨어요?

꼬 망 화 던 덴 콩?
Có mang hóa đơn đến không?

* 베트남에서는 뭘 살까? *

전 세계 어느 나라로 여행을 가든 그 나라의 슈퍼마켓에 가 보면 다양한 즐거움과 여행간 곳의 특유의 분위기를 느낄 수 있는데, 시간적인 여유가 있다면, 숙소 근처에 있는 슈퍼마켓에 들러 귀국 선물을 장만해 보자.

● 커피

커피 생산량 세계 2위 국가인 베트남은 생산량 1위인 브라질에 이어 명실공히 커피 강국이라 할 수 있다. 베트남에서 생산되는 커피는 로부스타종으로 아라비카종에 비해 향이 적고 쓴 맛이 강하며 카페인 함유량이 높다. 주로 인스턴트 커피를 만들 때 사용된다고 한다. 베트남의 인스턴트 커피 브랜드로는 G7, 아치카페(ARCHCAFE), 비나카페(Vinacafe), 콘삭커피(CONSOC COFFEE), 위즐커피(Weasel coffee) 등이 유명하다.

● 말린 과일

베트남은 열대과일의 종류도 다양하고 맛도 아주 좋은데 말린 과일로 파는 경우가 많다. 한국사람들도 좋아하는 망고나 잭플루스(Jack fruit) 등이 인기가 많다.

● 노니차

소화촉진, 통증완화, 고혈압, 암 등에 효능이 있는 자연치료제로 아주 인기 있는 선물이다.

● 베트남 캐슈넛

베트남은 전 세계에서 생산되는 캐슈넛의 60%를 생산하고 있으며 세계 수출 1위, 세계 시장 점유율 50%를 차지하고 있는 캐슈넛 대국이다.

● 베트남 라면

베트남 라면은 한국 라면과는 사뭇 다르다. 베트남을 자주 여행하는 한국인들은 베트남 라면을 꼭 사 간다고 하는데 어떤 맛인지 궁금하지 않나요?

● 베트남 인형

베트남 전통 옷차림의 아기자기한 인형들을 여행 기념품으로 사서 집에 장식해 보면 어떨까? 귀엽고 예쁠 뿐만 아니라 베트남 여행의 증거가 되지 않겠는가?

이 밖에도 여행 간 지역에서만 생산되는 술을 사거나, 다양한 건과류를 구입해 와도 좋다. 건오징어와 쥐포도 인기있는 구입 물품이나 통관 문제가 있어 구입에는 신중을 기해야 한다.

하노이나 호찌민, 다낭, 호이안 등 유명 관광 도시에 있는 여행자 거리에는 다양한 기념품들을 파는 가게들이 많아 여행 쇼핑리스트를 채우기에 딱 좋다.

잇몸염증 완화에 좋다고 알려진 치약으로, 우리나라에서 파는 가격보다 4,50% 저렴하다.

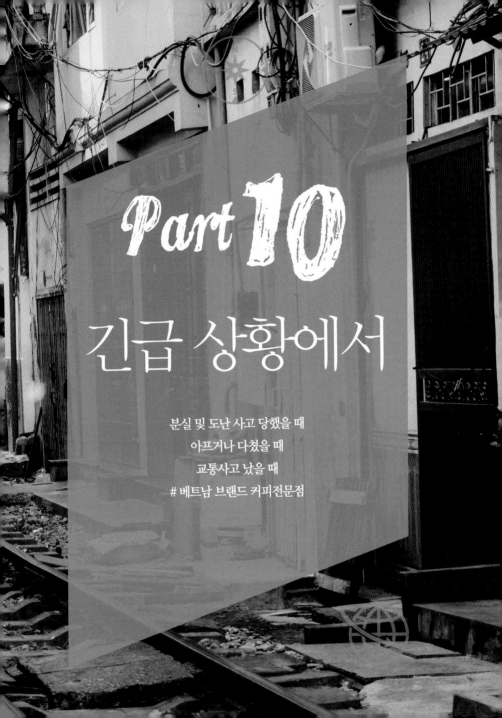

Part 10

긴급 상황에서

분실 및 도난 사고 당했을 때
아프거나 다쳤을 때
교통사고 났을 때
#베트남 브랜드 커피전문점

가방을 도둑맞았어요.

♪ MP3 10-01

어느 나라를 여행해도 마찬가지지만, 특히 베트남에서는 소지품을 주의해야 하는데 물건을 잃어버릴 경우 다시 찾기가 매우 어렵기 때문이다. 여권 분실 시 재발급을 받아야 하기 때문에, 여행 전 여권 앞면 복사본과 여권용 사진 2장을 별도로 챙겨 가는 것이 좋다. 또 카드는 잃어버린 즉시 분실 신고를 해야 한다. 여행자 보험을 가입한 경우 귀중품 분실 시 부분적으로 보상을 받을 수 있는데, 베트남 경찰서에서 도난증명서를 발급받아야 한다.

핵심
표현

또이 비 멋 쫌 뚜이 싸익.

Tôi bị mất trộm túi xách.

TIP

여권을 분실했을 때

만일 여권을 잃어버렸다면 곧바로 베트남 주재 한국 대사관이나 영사관에 전화해서 상황을 설명하고 재발급 신청을 해야 한다. 여권 도용 사고를 방지하기 위해, 되도록이면 여권 분실 24시간 이내 경찰서에 신고하도록 하자.

❶ 분실 지역 관할 경찰서 신고 및 접수증 발급/수령.
❷ 접수증을 가지고 분실지역 관할 출입국관리국에 신고 후 여권분실확인서 발급/수령.
❸ 여권분실확인서 가지고 베트남 내 한국 대사관 또는 영사관에서 여권 재발급 신청.
　　→ 신청 서류: 여권재발급 신청서 및 여권 분실 경위서 작성/제출, 여권용 사진 2매, 신분증, 베트남 공안국 발행 여권분실 확인서
❸ 여권을 가지고 베트남 공안국 출입국관리국에서 비자 신청

※주 베트남 대한민국 대사관 http://overseas.mofa.go.kr/vn-ko/

가방 안에 현금, 신용카드,
여권이 들어 있어요.

쫑 뚜이 꼬 띠엔, 태 띤 중, 호 찌에우.
Trong túi có tiền, thẻ tín dụng, hộ chiếu.

휴대 전화를 잃어버렸어요.

또이 비 멋 디엔 토아이.
Tôi bị mất điện thoại.

어디에서 잃어버리셨나요?

비 멋 어 도우 아?
Bị mất ở đâu ạ?

어디에서 잃어버렸는지
모르겠어요.

또이 콩 비엣 비 멋 어 도우.
Tôi không biết bị mất ở đâu.

분실신고서를 작성해 주세요.

하이 비엣 저이 카이 바우 멋 항.
Hãy viết giấy khai báo mất hàng.

찾으면 바로 연락 주세요.

네우 띰 터이 하이 리엔 락 쪼 또이.
Nếu tìm thấy hãy liên lạc cho tôi.

배탈이 났어요.

🎧 MP3 10-02

해외여행을 갈 때는 상비약을 챙기는 것이 좋다. 약국이나 병원에서 의사소통이 어려울 뿐만 아니라 증상에 맞는 약을 구하기 쉽지 않게 때문이다. 평소에 복용하는 약이 있다면 챙기고, 기본적으로 설사약, 진통제, 소화제, 1회용 밴드 및 소독약을 준비하는 것이 좋다. 만약 가벼운 감기에 걸렸거나 음식으로 인한 배탈, 설사 등은 굳이 병원에 가지 않아도 약국에서 해결할 수 있으므로 아래 핵심 표현을 잘 익혀두자.

**핵심
표현**

또이 비 더이 붕.

Tôi bị đầy bụng.

TIP

병원 이용하기

영어가 통하는 병원을 이용하거나 한국인 의사가 있는 병원을 찾는 것이 좋다. 수술을 해야 하거나 응급 상황이라면 전문통역사의 도움을 받아 종합병원을 찾는 것이 가장 바람직하다.

❶ 접수처에서 진료기록카드 구입 후, 접수, 접수할 때 여권 필요
❷ 접수 시 진료과목과 진찰할 의사 선택
❸ 순서가 호명되면 진찰 받기
❹ 의사가 작성한 처방전을 받은 후, 접수처로 가서 진료비 계산 및 약 처방전 받기
❺ 병원 내 약국에 가서 약 처방 받기

※외교부 해외안전여행(www.0404.go.kr) 사이트에 들어가면 의료기관 연락처가 지역별로 잘 소개되어 있다.

어디가 불편하세요?

터이 코 찌우 어 도우 아?
Thấy khó chịu ở đâu ạ?

설사를 해요.

또이 비 디 응오아이.
Tôi bị đi ngoài.

+PLUS
□ **콧물이 나다** 쏘 무이(sổ mũi)
□ **열이 나다** 쏫(sốt)
□ **속에 메스껍다** 논 나오 쫑 붕
  (nôn nao trong bụng)

여기가 아파요.

다우 어 더이.
Đau ở đây.

아마 체한 것 같아요.

짝 라 비 더이 허이.
Chắc là bị đầy hơi.

하루에 몇 번 먹어요?

모이 응아이 우옹 머이 런?
Mỗi ngày uống mấy lần?

하루에 세 번,
식후에 한 알씩 드세요.

모이 응아이 우옹 바 런, 모이 런 우옹 못
비엔 사우 키 안.
Mỗi ngày uống 3 lần, mỗi lần uống 1
viên sau khi ăn.

구급차 좀 빨리 불러주세요!

🎧 MP3 10-03

큰 사고가 발생하면 즉시 구급차를 불러 병원으로 가야 하지만, 정도가 아주 심하지 않은 경우에는 먼저 경찰서에 신고하는 것이 좋다. 만일에 상황에 대비해 여행 전 보험에 가입해 두는 것도 좋은 방법이다.

핵심
표현

하이 고이 쌔 껍 그우 응아이 줍 또이.
Hãy gọi xe cấp cứu ngay giúp tôi.

TIP

베트남 내 긴급 연락처!

- 경찰 신고(교통사고 포함): 113
- 구급차: 115
- 화재 신고: 114
- 전화번호 문의: 1080
- 주 베트남 대한민국 대사관: +84-24-3831-5110~6
  (overseas.mofa.co.kr/vn-ko/index.do)

146

사람 살려!

끄우 버이!
Cứu với!

경찰차 좀 불러주세요!

하이 고이 쌔 가잉 삿 줍 또이!
Hãy gọi xe cảnh sát giúp tôi!

교통사고가 났어요.

꼬 따이 난 자오 통.
Có tai nạn giao thông.

제 친구가 다쳤어요.

반 또이 비 트엉.
Bạn tôi bị thương.

차에 치였어요.

비 덤 바오 쌔.
Bị đâm vào xe.

못 움직이겠어요.

콩 끄 동 드억.
Không cử động được.

＊ 베트남 브랜드 커피전문점 ＊

베트남에는 커피 문화가 오래전부터 형성되어 있어 다양한 커피전문점이 있다. 베트남 브랜드 커피전 문점들이 상당히 굳건히 자리하고 있어, 외국 유명 프렌차이즈 커피점의 무덤이라고까지 한다. 베트남 전통 커피전문점을 알아보자.

● 하이랜드커피(HIGHLANDS COFFEE)
베트남의 스타벅스라고 불리는 대표 커피전문점으로 하노이, 호찌민, 다낭 등의 주요 도시를 비롯해 베트남 전역에 많은 수의 지점을 보유하고 있는 베트남 사람들 이 즐겨 찾는 카페 브랜드이다. 커피 음료 외에도 다양 한 종류의 차와 디저트를 판매하고 있으며 슈퍼나 마트 에서도 하이랜드표 원두 커피, 캔 커피, 인스턴트커피 를 구입할 수 있다.

● 쯩응우엔 레전드커피(TRUNG NGUYEN LEGEND COFFEE)
하이랜드커피와 베트남에서 쌍벽을 이루는 커피 전문점으로 조금 고급스러운 체인점이다. 한국인 에게도 잘 알려진 'G7' 커피가 바로 여기 브랜드의 것이며, 이외에도 고급 커피인 레전디커피, 위즐 커피 등을 출시하여 다양한 고객층을 확보하고 있다.

● **푹롱커피(PHUC LONG COFFEE & TEA EXPRESS)**

베트남 남부지역에서 쉽게 볼 수 있는 프랜차이즈 카페이다. 전통차 프렌차이즈로 시작한 만큼 커피 외에도 젊은 사람들이 좋아하는 전통차와 밀크티 등 다양한 음료가 있으며 디저트도 매우 인기이다.

● **콩카페(CONG CAFE)**

2007년 첫 매장 오픈 후 현재까지 전국적으로 확장하고 있으며 해외 진출도 앞두고 있다. 독특한 인테리어로 베트남 젊은이들에게 인기가 있다. 이 카페의 메인 메뉴인 코코넛커피로 베트남에 여행가면 꼭 들러야 할 카페 중 하나가 되었다.

이외에도 호이안 지역 커피 체인점인 탐탐 카페(Tam Tam Café)가 유명하다.

Part 11

귀국할 때

비행기 표를 예약하려고 하는데요.

🎧 MP3 11-01

해외여행을 갈 때는 일반적으로 왕복항공권을 구매하지만 장기간 여행을 가는 경우 편도를 끊거나 돌아오는 항공편을 오픈티켓으로 가기도 한다. 오픈 티켓은 출국하기 2주일 전에 날짜를 정해 해당 항공사에 출국일을 예약해야 한다. 이때 아래 핵심 표현으로 자신감 있게 항공사나 여행사에서 예약해 보자.

핵심
표현

또이 무온 닷 무어 배 마이 바이.

Tôi muốn đặt mua vé máy bay.

TIP

비행기표 구입 시 주의 사항!

비행기표를 구입할 때 영문 이름을 사용하는데, 여권상의 영문 표기와 동일해야 한다. 간혹 이 사실을 공항에 도착해 발견한 손님과 항공사 직원들이 다투는 모습을 종종 목격할 수 있다. 이름이 잘못 기재되었거나 여권번호가 틀린 경우에는 출국할 수 없을 수도 있으므로 다시 한번 주의하자.

Check! Check!
☑ 항공권 영문 이름 표기와 본인 여권의 표기가 같은지 확인하기!
☐ 여권번호를 맞게 썼는지 다시 한번 확인하기!
☐ 출발 날짜와 비행기 편명도 미리 확인하기!

비행기 표 예약하시겠습니까?

뀌 카익 무온 닷 배 마이 바이 아?
Quý khách muốn đặt vé máy bay ạ?

한국 인천으로 가는 비행기
표를 예약하려고 하는데요.

또이 딩 닷 배 마이 바이 디 인천 한 꾸옥.
Tôi định đặt vé máy bay đi Incheon Hàn
Quốc.

언제 출발하는 표를
원하시나요?

무온 무어 배 쑤엇 팟 키 나오 아?
Muốn mua vé xuất phát khi nào ạ?

다음 주 수요일에 출발하는
편도 표요.

배 못 찌에우 디 바오 트 뜨 뚜언 사우 아.
Vé 1 chiều đi vào thứ 4 tuần sau ạ.

+PLUS
□ 왕복
하이 찌에우
(hai chiều)

죄송합니다만,
수요일에는 좌석이 없네요.

신 로이, 트 뜨 콩 꼰 쪼 아.
Xin lỗi, thứ 4 không còn chỗ ạ.

어느 편이 가장 싼가요?

쭈엔 나오 제 녓?
Chuyến nào rẻ nhất?

항공편을 변경하고 싶어요.

🎧 MP3 11-02

여행을 할 때 대부분은 돌아오는 표를 예약하고 가지만 갑자기 일이 생기거나 혹은 좀 더 머물고 싶어 비행기표 예약을 변경해야 하는 경우가 있다. 한국에서 여행사를 통해 예약을 하고 발권을 한 경우에는 그 여행사의 한국 전화번호나 해당 국가의 지점으로 연락하면 된다. 항공사에서 직접 예약하고 발권한 경우에는 해당 국가에 있는 항공사 서비스센터(예약센터)에 연락하여 예약을 변경할 수 있다. 주의해야 할 점은 구매한 항공권이 어떤 종류인 지에 따라 변경이 불가능하기도 하며 변경 시 추가 요금을 지불해야 하기도 한다는 것이다.

핵심 표현

또이 무온 도이 쭈엔 바이.
Tôi muốn đổi chuyến bay.

TIP

베트남 내 항공사 서비스센터 연락처

우리나라 항공사는 베트남 내 어느 지역에서나 동일한 번호로 연락 가능한 서비스센터가 있는데, 베트남어 외에 영어, 한국어 서비스도 제공되므로 긴장하지 말고 편하게 전화를 걸어도 된다.

- 대한항공   하노이 84-24-3934-7217
  호찌민 84-28-3824-2878
- 아시아나   하노이 84-24-3722-8000
  호찌민 84-28-3822-2665

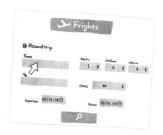

어떻게 바꾸시겠습니까?

도이 테 나오 아?
Đổi thế nào ạ?

하루 늦게 출발하고 싶어요.

또이 무온 도이 쭈엔 디 무온 헌 못 응아이.
Tôi muốn đổi chuyến đi muộn hơn 1 ngày.

출발일을 8월 8일로 바꾸고 싶어요.

또이 무온 도이 상 응아이 뭉 땀 탕 땀.
Tôi muốn đổi ngày xuất phát sang ngày mùng 8 tháng 8.

먼저 좌석이 있는지 알아 보겠습니다.

데 또이 쌤 꼬 꼰 쪼 콩 아.
Để tôi xem có còn chỗ không ạ.

예약을 취소하고 싶은데요.

또이 무온 휘 닷 배.
Tôi muốn hủy đặt vé.

예약을 취소하면 수수료를 내야 하나요?

네우 휘 티 꼬 파이 짜 피 콩?
Nếu hủy thì có phải trả phí không?

이 물건들을 비행기에 가지고 탈 수 있나요? 🎧MP3 11-03

요즘은 전 세계 모든 공항이 그렇겠지만 여행객이 소지하는 짐과 물품에 대한 규정
이 매우 엄격하고 까다롭다. 가장 좋은 방법은 관련 자료를 통해 공항 수화물 규정을
사전에 익히고 규정에 어긋나지 않도록 짐을 잘 정리하여 공항으로 이동하는 것이다.
간혹 이런 규정을 잘 몰라 탑승 수속이 지연되거나 낭패를 보기 쉽다. 참고로 비행기
탑승 전까지 어떤 일이 발생할지 모르니 공항에는 출발 최소 2시간 전에 미리 도착해
두는 것이 좋다.

핵심
표현

꼬 테 망 도 나이 렌 마이 바이 콩?
Có thể mang đồ này lên máy bay không?

TIP

하노이 노이바이국제공항 수화물 규정

❶ 무료 기내 휴대 수하물: 부피 20×40×55cm, 전체 무게 7kg을 초과할 수 없다.

❷ 무료 위탁 수화물: 베트남항공이나 대한항공 같은 경우 항공료에 수화물 가격이 포함되어 있으며 보통
일반석은 20kg(학생비자 소지자 40kg)이다. 하지만 Vietjet 같은 저가 항공은 예매시 따로 요금을 낸
다.

❸ 수화물 무게 초과 요금: kg당 일반석 항공권 가격의 1.5%로 계산한다. (항공사마다 규정이 다소 다름.)

* 베트남 공항에서 출국 절차

공항 도착 ┈ **항공사 탑승 수속** ┈ **검역 검사** ┈ **출국 심사** ┈ **탑승구 도착, 탑승 대기**
┈ **비행기 탑승**

일행이십니까?

디 꿍 도안 아?
Đi cùng đoàn ạ?

네, 일행입니다.

벙, 디 꿍 도안 아.
Vâng, đi cùng đoàn ạ.

복도쪽 좌석으로 주세요.

쪼 또이 배 응오이 어 삿 로이 디.
Cho tôi vé ngồi ở sát lối đi.

+PLUS
□창가쪽 피아 끄어 소
(phía cửa sổ)

짐을 위에 올려 주세요.

하이 데 하잉 리 렌 피어 쩬.
Hãy để hành lý lên phía trên.

짐은 몇 개 부칠 수 있나요?

꼬 테 그이 머이 끼엔 하잉 리?
Có thể gửi mấy kiện hành lý?

짐이 3kg 중량 초과입니다.

하잉 리 꽈 쫑 르엉 바 껀 아.
Hành lý quá trọng lượng 3 cân ạ.

도대체 언제 탑승을 시작하나요?

🎧 MP3 11-04

베트남의 명절 기간이나 휴가철 등 사람들이 공항에 많이 몰리는 시기에는 항공관제, 몇몇 승객의 미탑승 등 다양한 이유로 탑승과 이륙이 지연되는 경우가 자주 발생한다. 또한, 기상 악화로 인해 비행기 자체가 결항되거나 출발 시간을 착각해 비행기를 놓치는 사람도 의외로 많다. 이럴 경우에는 대체 항공편을 빠르게 찾아야 하는데, 원래 구매했던 항공권의 카운터에 문의하거나, 표가 없을 경우에는 다른 항공권 예매 사이트를 통해 다시 비행기표를 예매하는 방법이 있다.

**핵심
표현**

키 나오 티 꼬 테 렌 마이 바이?
Khi nào thì có thể lên máy bay?

TIP

단어로 보는 항공편 지연 및 결항

공항에서는 자주 안내 방송이 나오는데, 아래 단어를 미리 알고 가면 항공편 지연 방송인지 또는 결항에 대한 내용인지 추측할 수 있다.

- 기계 고장 | 마이 홍 máy hỏng, 쭉 짝 기 투엇 trục trặc kỹ thuật
- 오늘 비행 취소 | 홈 나이 휘 쭈엔 바이 hôm nay hủy chuyến bay
- 대체 항공편 | 마이 바이 타이 테 máy bay thay thế
- 무료 숙식 제공 | 꿍 껍 수엇 안 미엔 피 cung cấp suất ăn miễn phí
- 기상 악화 | 터이 띠엣 쏘우 thời tiết xấu
- 정시에 출발할 수 없습니다 | 콩 테 껏 까잉 둥 저 không thể cất cánh đúng giờ
- 지연되다 | 비 환 라이 bị hoãn lại
- 대합실 | 퐁 쩌 phòng chờ

* **출발 지연 안내 방송 예시:**

Hãng hàng không quốc gia Việt Nam xin thông báo. Chuyến bay VN đi Incheon sẽ bị thay đổi giờ bay vì lý do thời tiết xấu. Thời gian khởi hành dự kiến là 1 giờ 30 phút. Xin thành thật cáo lỗi cùng quý khách.

베트남항공에서 안내 말씀드립니다. 기상 악화로 인하여 인천국제공항으로 가는 VN는 출발시간 변경하게 되었습니다. 출발예정시간은 1시 30분입니다. 진심으로 죄송하고 양해 부탁드립니다.

지금부터 탑승 수속을
시작하겠습니다.

버이 저 씬 머이 뀌 카익 람 투 뚝 렌 마이 바이.
Bây giờ xin mời quý khách làm thủ tục
lên máy bay.

비행기가 왜 아직 이륙을
안 하는 거죠?

사오 마이 바이 번 쯔어 껏 까잉?
Sao máy bay vẫn chưa cất cánh?

현재 항공관제탑의 이륙
허가를 기다리고 있는 중입니다.

당 더이 탑 콩 르우 쪼 팹 껏 까잉 아.
Đang đợi tháp không lưu cho phép cất
cạnh ạ.

비행기를 놓쳤는데,
다음 편에 자리가 있나요?

또이 비 러 쭈엔 바이, 쭈엔 사우 꼬 꼰 쪼 콩 아?
Tôi bị lỡ chuyến bay, chuyến sau có còn
chỗ không ạ?

방법을 찾아 주실 수 있나요?

꼬 테 띰 까악 나오 줍 도이 콩?
Có thể tìm cách nào giúp tôi không?

공항 내에 호텔이 있습니까?

쫑 선 바이 꼬 카익 산 콩?
Trong sân bay có khách sạn không?

* 베트남 브랜드 프랜차이즈 음식점 *

베트남으로 여행을 간 김에 베트남에서 만든 프렌차이즈 음식점을 이용해 보는 것도 재미있는 경험이 될 것이다.

- **몬훼(Món Huế)**

  훼(Hue)라는 베트남 중부의 도시에서 나온 이름으로, 이곳은 19세기초부터 1945년까지 베트남의 수도였다. 따라서 궁중음식과 서민 음식 등 다양한 음식이 발달해 왔다. 몬훼는 훼 지역 음식 전문점으로 전통적인 맛과 현 대적인 인테리어로 베트남 사람뿐만 아니라 외국인들도 즐겨 찾는 곳이다.

- **반꾸언자안(Bánh cuốn Gia An)**

  베트남 전통 음식인 반꾸언은 우리나라의 떡 같은 음식으로 베트남 사람들이 아침 식사로 많이 즐겨 먹는데, 반꾸언자은 이 음식을 위주로 한 체인점이다. 외국인의 입맛에도 아주 잘 맞다.

● **반미호이안(Bánh mỳ Hội An)**

반미는 베트남식 빠게뜨빵 샌드위치로
지역마다 맛이 조금씩 다른데, 이 프랜차이
즈는 호이안식 반미를 콘셉으로 하여 인
기를 끌고 있다. 베트남 사람들이 아침
식사나 간식을 먹기 위해 자주 찾는다고
한다.

● **포24(Phở 24)**

Pho 24는 2003년 첫 매장을 오픈한 뒤로
지금까지 호치민, 하노이, 다낭 등 국내 대
도시는 물론 캄보디아, 인도네시아, 홍콩, 마
카오, 한국 등 해외에도 진출했다. 베트남 전
통 쌀국수의 맛을 살리면서 질 좋은 서비스
를 제공하여 크게 각광받고 있다.

Part 12
기본 표현

인사하기
자기소개 하기
숫자와 화폐 익히기
시간 표현하기

인사하기

🎧 MP3 12-01

씬 짜오!
Xin chào!
안녕하세요!

짜오 깍 반!
Chào các bạn!
여러분, 안녕하세요!

짜오 반
Chào bạn!
안녕하세요!

짜오 깍 반!
Chào các bạn!
여러분, 안녕하세요!

디 네!
Đi nhé!
잘 가요(헤어질 때)!

헨 갑 라이!
Hẹn gặp lại!
다음에 만나요!

땀 비엣!
Tạm biệt!
바이바이(Bye-bye)!

꼬 쾌 콩?
Có khỏe không?
어떻게 지내요?

또이 쾌.
Tôi khỏe.
좋아요.

또이 빙 트엉.
Tôi bình thường.
그럭저럭 지내요.

깜 언.
Cảm ơn.
감사합니다.

콩 꼬 지.
Không có gì.
천만에요.

씬 로이.
Xin lỗi.
미안합니다.

콩 사오.
Không sao.
괜찮습니다.

콩 번 데 지.
Không vấn đề gì.
괜찮습니다.

자기소개 하기

🎧 MP3 12-02

떼 반 라 지?
Tên bạn là gì?
이름이 뭐예요?

씬 짜오.
Xin chào.
처음 뵙겠습니다.

떼 또이 라 치푸.
Tên tôi là Chi Pu.
제 이름은 치푸입니다.

젓 부이 드억 갑.
Rất vui được gặp.
만나서 반갑습니다.

씬 너 꺼이 어 아앙 (찌).
Xin nhờ cậy ở anh (chị).
잘 부탁드려요.

람 응에 지?
Làm nghề gì?
무슨 일을 하세요?

또이 라 ▨▨▨.
Tôi là ▨▨▨.
▨▨▨ 입니다.

혹 싱
học sinh
학생

년 비엔 꽁 띠
nhân viên công ty
회사원

응으어이 노이 쩌
người nội trợ.
가정주부

자오 비엔
giáo viên
교사

냐 바오
nhà báo
기자

루엇 스
luật sư
변호사

아잉 찌 라 응으어이 느억 나오?
Anh chị là người nước nào?
당신은 어느 나라 사람이에요?

뜨 도우 덴?
Từ đâu đến?
어디에서 오셨어요?

또이 라 응으어이 한 꾸옥.
Tôi là người Hàn Quốc.
저는 한국인입니다.

또이 덴 뜨 서울 한 꾸옥.
Tôi đến từ Seoul Hàn Quốc.
저는 한국 서울에서 왔습니다.

한 꾸옥
Hàn Quốc
한국

쭝 꾸옥
Trung Quốc
중국

미
Mỹ
미국

아잉
Anh
영국

서울
Seoul
서울

박 깅
Bắc Kinh
베이징

와 싱 떤
Oa Sinh Tơn
워싱턴

루언 돈
Luân Đôn
런던

숫자와 화폐 익히기

🎧 MP3 12-03

> 베트남의 화폐는 '베트남 동'이라고 부르며, 지폐가 있으며, 동전은 잘 사용하지 않는다.

바오 니에우?
Bao nhiêu?
얼마예요?

닫 꽈, 잠자 쪼 또이.
Đắt quá, giảm giá cho tôi.
너무 비싸네요, 좀 싸게 해주세요.

0	1	2	3	4	5
콩	못	하이	바	본	남
không	một	hai	ba	bốn	năm

6	7	8	9	10	11
사우	바이	땀	찐	므어이	므어이 못
sáu	bảy	tám	chín	mười	mười một

100	500	1000	10000	100000	500000
못 짬	남 짬	못 응안	므어이 응인	못 짬 응인	남 짬 응인
một trăm	năm trăm	một ngàn	mười nghìn	một trăm nghìn	năm trăm nghìn

● **베트남 동**

시간 표현하기

> 버이 저 라 머이 저?
> Bây giờ là mấy giờ?
> 지금 몇 시예요?

상
sáng
오전

찌에우
chiều
오후

저
giờ
시

풋
phút
분

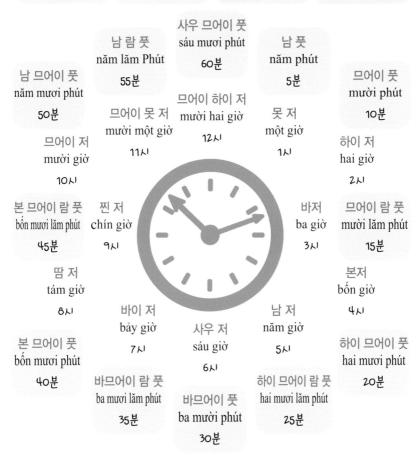

사우 므어이 풋
sáu mươi phút
60분

남 풋
năm phút
5분

남 람 풋
năm lăm Phút
55분

남 므어이 풋
năm mươi phút
50분

므어이 못 저
mười một giờ
11시

므어이 하이 저
mười hai giờ
12시

못 저
một giờ
1시

므어이 풋
mười phút
10분

므어이 저
mười giờ
10시

하이 저
hai giờ
2시

본 므어이 람 풋
bốn mươi lăm phút
45분

찐 저
chín giờ
9시

바 저
ba giờ
3시

므어이 람 풋
mười lăm phút
15분

땀 저
tám giờ
8시

본저
bốn giờ
4시

본 므어이 풋
bốn mươi phút
40분

바이 저
bảy giờ
7시

사우 저
sáu giờ
6시

남 저
năm giờ
5시

하이 므어이 풋
hai mươi phút
20분

바므어이 람 풋
ba mươi lăm phút
35분

바므어이 풋
ba mười phút
30분

하이 므어이 람 풋
hai mươi lăm phút
25분

인용자료

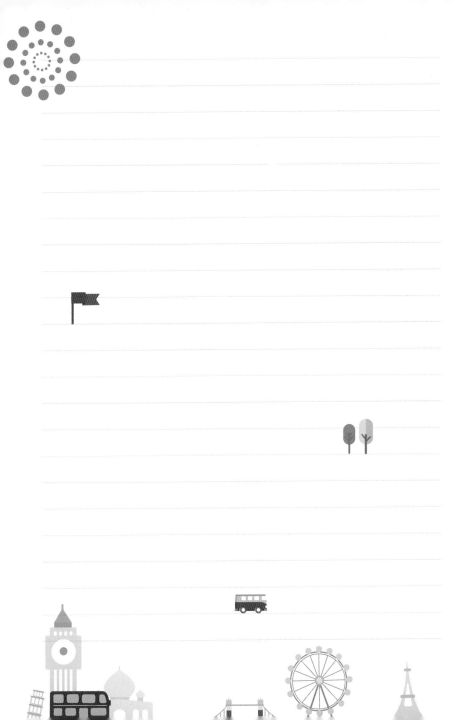

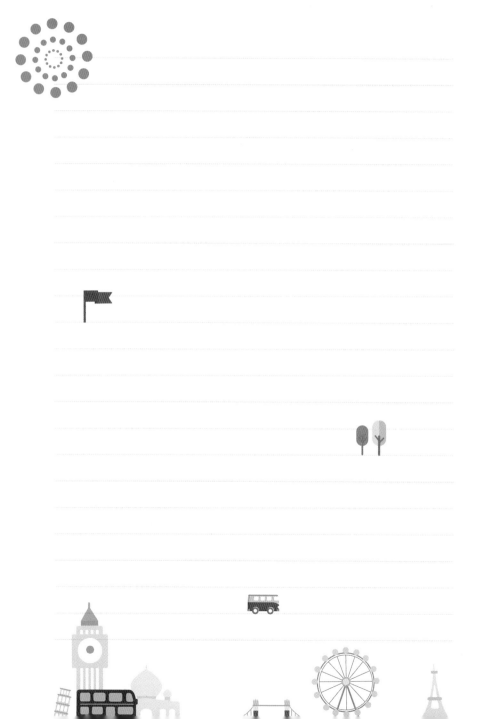

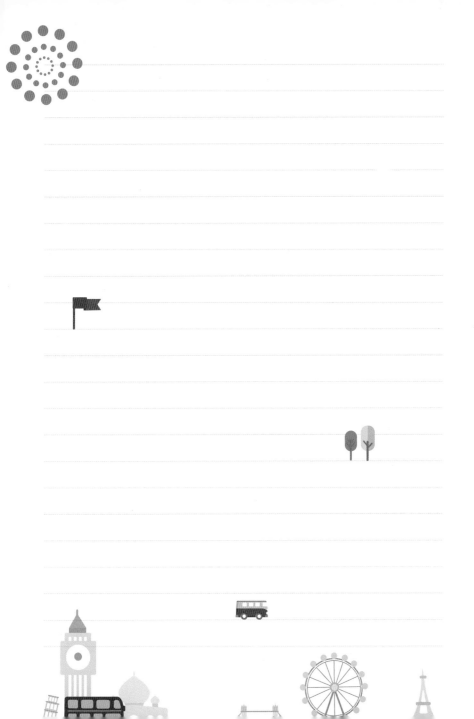

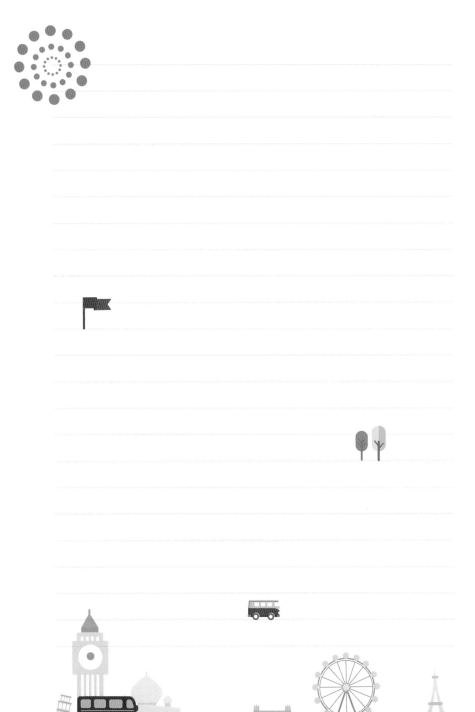

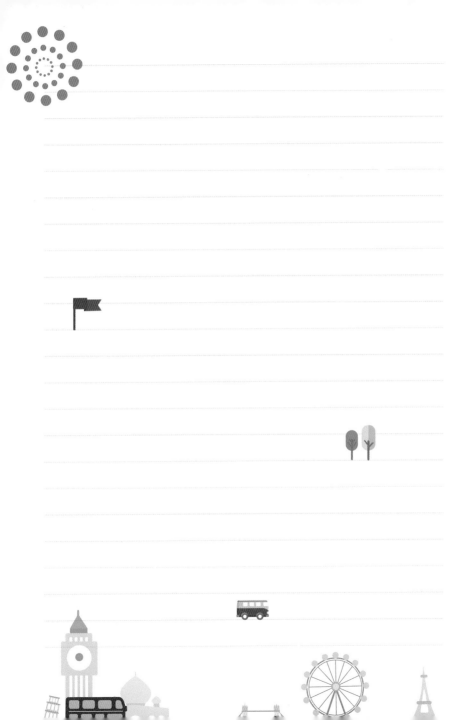

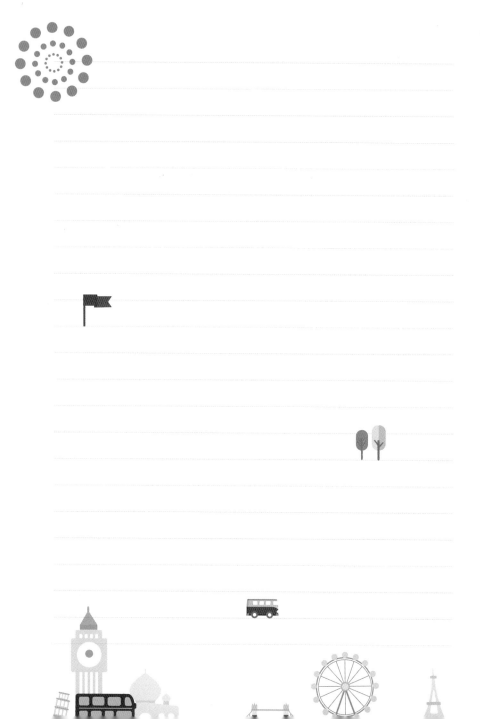

나의 여행 메이트 (핸드북)

Thượng lộ bình an!

Have a nice trip!

여행 장소 _____

여행 기간 _____

휴대 전화 로밍하기
여행 예산 정리하기
여행 준비물 체크 리스트
최종 점검 체크 리스트

휴대 전화 로밍하기

01 통신사 해외 로밍

요즘은 별도의 해외 로밍 신청 없이도 자동으로 로밍이 가능한데, 불가능한 휴대 전화도 있을 수 있으므로 통신사에 전화해 물어보는 것이 안전하다. 또한, 통신사마다 다양한 로밍 상품을 판매하므로 자신이 사용하는 통신사 고객센터로 전화하거나 홈페이지에 들어가 확인하면 된다. 로밍 신청은 출발하는 당일 공항의 로밍 센터에서도 역시 가능하다.

자동 로밍이 되지 않길 원하면 통신사에 미리 신청해 차단하거나 휴대 전화에서 '데이터로밍 차단설정'을 하면 된다.

통신사	로밍 전문 고객센터 전화번호
SK	02-6343-9000
KT	1588-0608
LG유플러스	02-3416-7010

02 베트남 선불 유심카드

유심 카드를 구매해 사용하는 것이 제일 저렴한 방법이다. 베트남에서 공항이나 시내의 휴대 전화 대리점에 가서 구매 가능하다. 체류 기간 및 데이터 용량에 따라 가격이 다르므로 여행 일정에 맞게 선택하면 된다.

03 포켓 와이파이

해외 여행을 갈 경우에 제일 많이 이용하는 방법 중 하나이다. 여러 명이 함께 여행 가서 인터넷을 사용할 때 특히 편리하다.

여행 예산 정리하기

숙소	
합계 :	

식비	
합계 :	

교통	
합계 :	

기타	
합계 :	

Memo

여행 준비물 체크 리스트

• **필수품들**	Check!
ex) 여권, 환전한 돈 등	

• **생활 필수품**	
ex) 치약, 칫솔, 비상약 등	

• **의류 및 기타**	
ex) 감옷, 운동화, 선글라스	

• **여행 용품**	
ex) 지도, 가이드북 등	

★ 가져 가면 좋을 것들!

① 비상약 : 소화제, 지사제, 일회용 밴드 등은 가급적 챙겨 가는 것이 좋다.

② 신용카드 : 현금이 부족한 상황이 발생할 수 있으므로 해외에서도 사용 가능한 카드를 가져 가는 것이 좋다.

③ 휴지 및 물티슈 : 공중화장실에 휴지가 없는 경우가 많기도 하고, 길거리 음식을 먹다 흘릴 수 있기 때문에 챙겨 가면 좋다.

최종 점검 체크 리스트

☐ 여권

출입국 시 반드시 필요하므로 출발하기 전에 다시 한번 점검하자.

☐ E - ticket

사실 여권만 있어도 문제는 없으나 간혹 E-ticket을 보여달라고 하는 상황이 생기므로 출력해 챙겨두자.

☐ 서류

만일의 사태를 대비해 여권 복사본, 호텔 예약서 등을 준비하자.

☐ 여권 만료일

베트남은 무비자 체류 기간이 15일이며, 여권 만료일이 6개월 이상 남아있어야 한다.

☐ 휴대용 배터리

휴대용 배터리를 챙겨가면, 휴대 전화뿐만 아니라 노트북 등 충전이 용이하다.

☐ 충전기

휴대 전화 충전기나 연결 가능한 어댑터도 챙기자.

☐ 베트남동

국내 은행에서 미리 환전해 가는 게 가장 환율이 좋고 안전하다.

☐ 필기도구

입국 관련 서류를 작성하거나 메모할 때 볼펜이 생각보다 자주 필요하므로 하나 챙기는 것이 좋다.

☐ 보조 가방

여권이나 귀중품, 휴지 등 소지품을 넣고 다니기에 좋다.

※ 휴대용 배터리는 수하물로 부칠 수 없으므로 꼭 기내에 가지고 탑승하자.

긴급 연락처

베트남 내 주요 긴급 전화번호
- 범죄 신고: 113
- 화재 신고: 114
- 구급 신고: 115

주 베트남 대한민국 대사관
- 근무 시간: +84-4-3831-5110~6
- 근무 시간 외: +84-90-402-6126 또는 +84-90-320-6566
- 호치민 영사관: +84-8-3824-2639 또는 +84-93-850-0238

카드 분실 신고 전화번호
- KB국민카드 : +82-2-6300-7300
- 하나카드 : +82-1800-1111
- 우리카드 : +82-2-6958-9000
- 신한카드 : +82-1544-7000
- 롯데카드 : +82-2-1588-8300
- 삼성카드 : +82-2-2000-8100

※ 카드 분실 신고는 전화, 홈페이지, 스마트폰 어플 등을 통해서 가능하다.

베트남 내 항공사 서비스센터
- 대한항공: 하노이 +84-24-3934-7247   호찌민 +84-28-3824-2878
- 아시아나항공: 하노이 +84-24-3722-8000   호찌민 +84-283-822-2665
- 베트남항공: +84-1900-1100
- 비엣젯항공: +84-1900-1886

※ 베트남 국가번호는 +84이다.

여권 분실 대응 요령

① 여권을 분실한 지역을 담당하는 공안(경찰서) 지구대에서 분실신고증을 발급받는다.

　* 분실신고는 반드시 분실지역 관할 공안(경찰서) 지구대에서만 접수를 받으며, 관할 지구
　　대가 아닌 경우에는 분실신고 접수를 거부하는 경우가 많다.

② 호찌민 대한민국 대사관이나 하노이 총영사관에서 여행증명서 또는 여권을 발급받는다.

　호찌민: 107 Nguyen Du, District 1, Ho Chi Minh

　하노이: 7th Floor, Charmvit Tower, Cau Giay,117 Tran Duy Hung, Hanoi

　– 여권 또는 여행증명서 발급신청은 본인만 신청할 수 있다.(대리인 신청 불가)

　○ **여행증명서 재발급시**

　– 분실신고증(베트남 경찰서 발행)

　– 여권재발급신청서(총영사관 비치)

　– 여권용사진 2매

　– 분실신고서, 여권재발급사유서 각 1부(총영사관 비치)

　– 주민등록증, 운전면허증 또는 분실한 여권사본 등 신분을 증명할 수 있는 증명서

　○ **여권 재발급시(약 2주 소요)**

　– 분실신고증(베트남 경찰서 발행)

　– 여권재발급신청서(총영사관 비치)

　– 여권용사진 1매

　– 분실신고서, 여권재발급사유서 각 1부(총영사관 비치)

　– 주민등록증, 운전면허증 또는 분실한 여권사본 등 신분을 증명할 수 있는 증명서

③ 출입국관리국을 방문하여 출국비자를 발급받아 출국한다.

　호찌민 : 254 Nguyen Trai St., District 1, Ho Chi Minh

　하노이 : 44 Tran Phu, Ba Dinh, Hanoi

　○ **출국 비자(Exit Visa) 발급시(약 1주 소요)**

　– 여행증명서(또는 여권)

　– 출국비자 발급 요청서(총영사관에서 발급)

　– 비자신청서(Form N 14)에 내용을 기입하고 사인(서식은 붙임 참조)

　– 분실신고서(베트남 경찰서 발행)

베트남 화폐 미리보기

● **지폐**

500동	năm trăm đồng	남 짬 동
1000동	một ngàn đồng	못 응안 동
2000동	hai ngàn đồng	하이 응안 동
5000동	năm ngàn đồng	남 응안 동
10000동	một tờ đồng	못 떠 동
20000동	hai tờ đồng	하이 떠 동
50000동	năm tờ đồng	남 떠 동
100000동	mười tờ đồng	므어이 떠 동
200000동	hai mười tờ đồng	하이 므어이 떠 동
500000동	năm mười tờ đồng	남 므어이 떠 동

● **동전**

200동	hai trăm đồng	하이 짬 동
500동	năm trăm đồng	남 짬 동
1000동	một ngàn đồng	못 응안 동
2000동	hai ngàn đồng	하이 응안 동
5000동	năm ngàn đồng	남 응안 동

베트남에서 한국으로 전화하기

01 로밍 휴대 전화 이용해 전화하기!

① 일반 전화로 걸 때

국가 번호(82) 누르고	지역 번호의 0을 뺀 상대방 전화번호 입력!

㉫ 서울(02)의 888-8888로 전화를 거는 방법은?

　+82 - 2 - 888 - 8888

② 휴대 전화로 걸 때

국가 번호(82) 누르고	앞의 0을 뺀 상대방 전화번호 입력!

㉫ 010 - 8888 - 8888로 전화를 거는 방법은?

　+82 - 10 - 8888 - 8888

※베트남 현지에서 현지로 전화를 걸 때 는 지역번호 또는 식별번호 누르고 → 상대방 전화번호 입력!

02 와이파이를 이용해 전화하기

내가 이용하는 휴대 전화이 스마트폰이라면 다양한 어플을 사용해 전화하거나 메시지를 전송할 수 있다. 와이파이가 제공되는 장소에서 이용하면, 무료로 이용할 수 있고 유심칩을 구매했다면 장소에 제한을 받지 않고 연락을 주고 받을 수 있다. 추천 어플로는 카카오톡, 라인, 위챗이 있다.

생존 표현 20

고마워요.
Thank you.

깜 언.
Cảm ơn.

미안해요.
I'm sorry.

씬 로이.
Xin lỗi.

제 이름은 ~예요.
My name is ~.

뗀 또이 라 ~.
Tên tôi là ~.

저 베트남어 못해요.
I can't speak Vietnamese.

또이 콩 비엣 노이 띠엥 비엣.
Tôi không biết nói Tiếng Việt.

못 알아 듣겠어요.
I don't understand.

또이 콩 히에우.
Tôi không hiểu.

뭐라고요?
Pardon me?

노이 지 아?
Nói gì ạ?

다시 한번 말씀해 주세요.
Say it again please.

람 언 노이 라이.
Làm ơn nói lại.

화장실은 어디예요?
Where is the restroom?

냐 베 싱 어 더우 아?
Nhà vệ sinh ở đâu ạ?

미딩 터미널은 어떻게 가요?
How can I get to the
Mi Din bus station?

뜨 더이 덴 벤 쌔 미 딩 디 테 나오?
Từ đây đến bến xe
Mỹ Đình đi thế nào?

사진 좀 찍어주시겠어요?
Would you please
take my pictures?

씬 하이 쭙 아잉 줍 또이.
Xin hãy chụp ảnh giúp tôi.

생존 표현 20

이거 얼마예요?

How much is it?

까이 나이 바오 니에우 띠엔?

Cái này bao nhiêu tiền?

할인해 주세요.

Could you give me
a discount?

무어 니에우 꼬 드억 잠 자 콩?

Mua nhiều có được giảm
giá không?

포장 좀 해주시겠어요?

Could I get that
wrapped, please?

하이 고이 쪼 또이.

Hãy gói cho tôi.

필요 없어요.

No, thanks.

또이 콩 껀.

Tôi không cần.

좋아요.

Okay.

똣 조이.

Tốt rồi.

메뉴판 주세요.
Could you give me
the menu, please?

쪼 또이 쌤 특 던.

Cho tôi xem thực đơn.

이거 주세요.
I'll have this, please.

쪼 또이 까이 나이 바 까이 나이, 까이 나이.

Cho tôi cái này và cái này, cái này.

영수증 주세요.
Give me a receipt, please.

쪼 또이 화 던.

Cho tôi hóa đơn.

가능해요.
That's okay.

꼬 테 드억.

Có thể được.

안 돼요.
I'm afraid not.

콩 드억.

Không được.

MONTH

요일													
계획													

Mon	Tue	Wed	Thu

Fri	Sat	Sun	Check

MONTH

요일												
계획												

Mon	Tue	Wed	Thu

Fri	Sat	Sun	Check

Day 01

날짜

목적지

가는 방법

가서 해야 할 일

가서 사야 할 것

가서 먹을 것

하루 스케줄

오전 　　　　해야 할 일

오후 　　　　해야 할 일

예산 한도

지출 내역

Day 02

날짜 ⬭   목적지 ⬭

가는 방법

- ⬭
- ⬭
- ⬭
- ⬭
- ⬭

가서 해야 할 일

- ☐ ⬭
- ☐ ⬭
- ☐ ⬭
- ☐ ⬭
- ☐ ⬭

가서 사야 할 것

가서 먹을 것

하루 스케줄

오전   해야 할 일

오후   해야 할 일

예산 한도

지출 내역

Day 03

날짜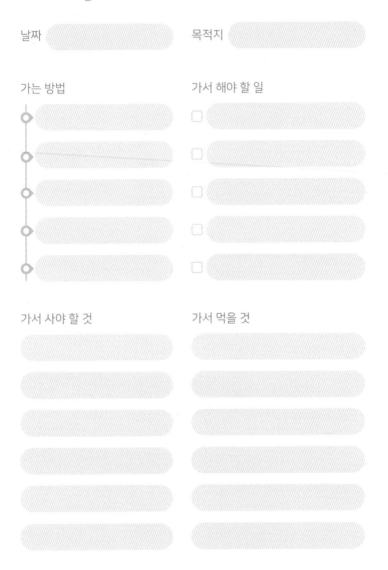

목적지

가는 방법

가서 해야 할 일

가서 사야 할 것

가서 먹을 것

하루 스케줄

오전	해야 할 일

오후	해야 할 일

예산 한도

지출 내역

Day 04

날짜

목적지

가는 방법

가서 해야 할 일

가서 사야 할 것

가서 먹을 것

하루 스케줄

오전　　　　　해야 할 일

오후　　　　　해야 할 일

예산 한도

지출 내역

Day 05

날짜 ⬚⬚⬚⬚⬚⬚⬚⬚⬚⬚ 목적지 ⬚⬚⬚⬚⬚⬚⬚⬚⬚⬚

가는 방법

- ⬚⬚⬚⬚⬚⬚⬚⬚⬚⬚
- ⬚⬚⬚⬚⬚⬚⬚⬚⬚⬚
- ⬚⬚⬚⬚⬚⬚⬚⬚⬚⬚
- ⬚⬚⬚⬚⬚⬚⬚⬚⬚⬚
- ⬚⬚⬚⬚⬚⬚⬚⬚⬚⬚

가서 해야 할 일

- ☐ ⬚⬚⬚⬚⬚⬚⬚⬚⬚⬚
- ☐ ⬚⬚⬚⬚⬚⬚⬚⬚⬚⬚
- ☐ ⬚⬚⬚⬚⬚⬚⬚⬚⬚⬚
- ☐ ⬚⬚⬚⬚⬚⬚⬚⬚⬚⬚
- ☐ ⬚⬚⬚⬚⬚⬚⬚⬚⬚⬚

가서 사야 할 것

가서 먹을 것

하루 스케줄

예산 한도

오전　　　　해야 할 일

오후　　　　해야 할 일

지출 내역

Note

Note

개인 정보

이름

생일

국가

전화번호

여권 정보

영문 이름

여권 번호

여권 발행일

여권 만료일